Para uma sociologia crítica

FUNDAÇÃO EDITORA DA UNESP

Presidente do Conselho Curador
Mário Sérgio Vasconcelos

Diretor-Presidente / Publisher
Jézio Hernani Bomfim Gutierre

Superintendente Administrativo e Financeiro
William de Souza Agostinho

Conselho Editorial Acadêmico
Divino José da Silva
Luís Antônio Francisco de Souza
Marcelo dos Santos Pereira
Patricia Porchat Pereira da Silva Knudsen
Paulo Celso Moura
Ricardo D'Elia Matheus
Sandra Aparecida Ferreira
Tatiana Noronha de Souza
Trajano Sardenberg
Valéria dos Santos Guimarães

Editores-Adjuntos
Anderson Nobara
Leandro Rodrigues

Zygmunt Bauman

Para uma sociologia crítica
Um ensaio sobre o senso comum e a emancipação

Tradução
Rachel Meneguello

Título original: *Towards a Critical Sociology: An Essay on Commonsense and Emancipation*

© 1976 Zygmunt Bauman
Todos os direitos reservados. Tradução autorizada da edição em língua inglesa publicada pela Routledge, membro da Taylor & Francis Group.
© 2023 Editora Unesp

Direitos de publicação reservados à:
Fundação Editora da Unesp (FEU)
Praça da Sé, 108
01001-900 – São Paulo – SP
Tel.: (0xx11) 3242-7171
Fax: (0xx11) 3242-7172
www.editoraunesp.com.br
www.livrariaunesp.com.br
atendimento.editora@unesp.br

Dados Internacionais de Catalogação na Publicação (CIP) de acordo com ISBD
Elaborado por Vagner Rodolfo da Silva – CRB-8/9410

B347p

Bauman, Zygmunt
    Para uma sociologia crítica: um ensaio sobre o senso comum e a emancipação / Zygmunt Bauman; traduzido por Rachel Meneguello. – São Paulo: Editora Unesp, 2023.

    Tradução de: *Towards a Critical Sociology: An Essay on Commonsense and Emancipation*
    Inclui bibliografia.
    ISBN: 978-65-5711-190-1

    1. Sociologia. 2. Sociologia crítica. 3. Zygmunt Bauman. I. Meneguello, Rachel. II. Título.

2023-1365   CDD 301
                                                                                                                                                                CDU 301

Editora afiliada:

Sumário

1 A ciência da não liberdade   9
   A "segunda natureza" definida   9
   A "segunda natureza" deificada   31
   A "segunda natureza" e o senso comum   55

2 A crítica da sociologia   83
   A revolução husserliana   83
   A restauração existencialista   100
   A "segunda natureza" recuperada   118

3 A crítica da não liberdade   131
   A razão técnica e emancipatória   131
   A "segunda natureza" vista historicamente   148
   Pode a sociologia crítica ser uma ciência?   164
   A verdade e a autenticação   186

Referências bibliográficas   203

"Se uma sociedade decente há muito tempo vem sendo uma possibilidade, o verdadeiro problema passa a ser explicar por que a humanidade não quis ou talvez não tenha podido querer uma."

Barrington Moore Jr.

1
A ciência da não liberdade

A "segunda natureza" definida

O que quer que digamos atualmente sobre a forma que a sociologia deveria assumir, a sociologia como a conhecemos (e ela tem sido conhecida desde que recebeu esse nome) nasceu da descoberta da "segunda natureza".

"Natureza" é um conceito cultural. Ele trata do componente irremovível da experiência humana que desafia a vontade do homem e define limites intransponíveis para a ação humana. A Natureza é, portanto, uma consequência do impulso pela liberdade. Apenas quando os homens se propõem de modo consciente a produzir condições diferentes daquelas de sua experiência, eles necessitam de um nome para significar a resistência que encontram. Nesse sentido, a natureza, enquanto conceito, é um produto da prática humana que transcende a rotina e o hábito, e navega em águas desconhecidas, guiada por uma imagem do-que-ainda-não-é-mas-deveria-ser.

O domínio da não liberdade é o único significado imutável da "natureza" enraizado na experiência humana. Todos os outros aspectos inerentes ao conceito são removidos uma vez, ou mais que uma vez, do que é "diretamente dado", sendo produtos do processo teórico da experiência elementar. Por exemplo, a natureza é o oposto da cultura, na medida em que a cultura é a esfera da criatividade e do projeto humanos; a natureza é "inumana", na medida em que "ser humano" inclui estabelecer metas e padrões ideais; a natureza é sem significado, na medida em que conferir significados é um ato de vontade e constituição da liberdade; a natureza é determinada, na medida em que a liberdade consiste em deixar a determinação para trás.

Nem as imagens, nem os modelos da natureza predominantes em um determinado momento podem ser considerados atributos necessários do conceito. O "conteúdo temático" do conceito (como diria Gerald Holton)[1] mudou no último século, tornando-se quase irreconhecível. A ordem intrínseca e a harmonia do cosmos obediente às leis foram substituídas por um labirinto impenetrável que, apenas graças às marcas de giz do cientista, se torna transitável; a descoberta da "ordem objetiva" foi substituída pela imposição de uma ordem inteligível sobre a diversidade sem sentido. O único elemento que sobreviveu e, de fato, emergiu incólume de todas essas revoluções ontológicas é a experiência de limitação colocada efetivamente sobre a ação e a imagem humanas. E essa é, talvez, a única "essência" da natureza, reduzida aos ossos da experiência primitiva não processada teoricamente.

Entretanto, há ainda outro sentido em que a natureza pode ser compreendida como um subproduto da prática humana. A natureza é dada à experiência humana como o único meio sobre o qual a ação humana está voltada. Ela está presente na ação humana desde o seu início, desde a sua concepção como um projeto de uma forma ainda a ser objetivada pela ação; a natureza é o que faz a mediação entre o projeto ideal e a sua réplica objetivada. A ação humana não seria possível senão pela presença da natureza. A natureza é vivenciada tanto quanto é o *locus,* na medida em que é apreendida como o limite

---

[1] Cf. Holton, *The Thematic Origins of Scientific Thought,* p.35-6.

A ciência da não liberdade

último da ação humana. Os homens vivenciam a natureza da mesma forma dupla e equívoca com a qual o escultor encontra o seu pedaço de pedra disforme: ela está diante dele, dócil e convidativa, esperando para absorver e encarnar suas ideias criativas – mas a sua disposição de atender é altamente seletiva; na verdade, a pedra fez a sua própria escolha bem antes de o escultor tomar o seu cinzel. A pedra, poderíamos dizer, classificou as ideias do escultor em atingíveis e inatingíveis, razoáveis e tolas. Para ser livre para agir, o escultor deve aprender os limites de sua liberdade: ele deve aprender a ler o mapa de sua liberdade traçado no veio da rocha.

Os dois elementos da experiência combinados na ideia de natureza estão, de fato, em unidade dialética. Não haveria a descoberta de restrições se não houvesse uma ação dirigida por imagens que transcendem essas restrições; mas não haveria tal ação se a condição humana não houvesse vivenciado seu fechamento em uma moldura tão rígida. Os dois elementos se condicionam mutuamente; mais do que isso, eles podem se apresentar juntos ou não aos homens. A restrição e a liberdade estão casadas uma com a outra para o bem ou para o mal, e seu casamento só seria rompido se fosse concebível um retorno à ingênua unidade primitiva do homem e a sua condição (tornando a natureza novamente "não problemática"). Por outro lado, os dois elementos podem ser, e de fato são, percebidos separadamente e, portanto, articulados independentemente, se não em oposição um ao outro. De modo não dialético, cada êxito dá suporte epistemológico à noção de liberdade sem restrições. Igualmente de modo não dialético, toda a frustração empresta plausibilidade a uma ideia de restrição que existe sem que seja testada e levada à experiência pela obstinada ação humana. Ao ser processado teoricamente, esse erro original foi repetidamente forjado em um falso dilema. O próprio dilema permanece constante como a própria experiência existencial, embora os seus nomes variem, assim como o código cultural. Ele tem sido chamado de indivíduo e sociedade, voluntarismo e determinismo, controle e sistema, e muitos outros nomes. Quaisquer que sejam seus nomes, no entanto, invariavelmente leva ao terreno árido da não dialética, no qual a árvore viva da experiência humana pode quase perecer.

Já se passaram quase quatro séculos desde que Francis Bacon captou de modo perspicaz a elusiva dialética da natureza, tal como ela aparece para os humanos atuantes: a natureza só é dominada pela submissão. Quando Bacon escreveu essas palavras, a suposição de que a natureza era algo a ser conquistado ou subjugado talvez não exigisse mais argumentos do que outras crenças do senso comum. Naquela época, os leitores de Bacon haviam despertado da não problemática "unidade da humanidade viva e ativa com as condições naturais e inorgânicas de sua troca metabólica com a natureza e, portanto, sua apropriação da natureza" que "não exigia explicação", pois não era o resultado de "um processo histórico",[2] e eles já se encontravam, como resultado da história de sua própria fabricação (embora não de seu próprio conhecimento), face a face com as condições de seu metabolismo, encarando-as como "algo estranho e objetivo".[3] Eles já haviam estabelecido para si mesmos objetivos individuais que transcendiam as suas condições sociais e, portanto, puseram à prova a flexibilidade dessas condições. No processo, descobriram essa resistência obstinada e rígida a partir da qual cunharam a imagem da Natureza como interlocutora ativa, autogovernada e autossustentável de sua condição. Assim, a natureza passou a ser "diretamente dada" em sua experiência. É de Bacon a admissão resignada de que a natureza estava ali para ficar e que a sua presença não deveria ser questionada. As condições para essa presença – a situação em que o indivíduo caminha sozinho no mundo social, entregue a si mesmo e forçado à autonomia – não foram nem exploradas, nem consideradas problemáticas. Bacon combinou um apelo à rendição com o conselho sobre como tirar o melhor proveito

---

[2] Marx, *Grundrisse*, p.489.
[3] Ibid., p.157.

da situação que se seguiu. Ele sugeriu que a servidão poderia ser transformada em dominação, e designou ao conhecimento o papel da varinha mágica que realizaria a transformação. A estrutura da pedra não é obra do escultor; mas ele ainda pode fazer a pedra aceitar suas intenções, contanto que aprenda o que a pedra não aceitará. Basta estender essa metáfora para abarcar a totalidade da condição humana. A vida torna-se então a arte do possível, e o conhecimento está aí para nos ensinar a distinguir os sonhos possíveis dos inúteis.

Desde Bacon, pelo menos, o conhecimento presidiu o processo de mediação entre a liberdade e as limitações da ação humana. O tipo de conhecimento mais prestigioso de todos (às vezes, de fato, retratado como o único conhecimento válido), a ciência, estabeleceu-se em nossa cultura como o estudo dos limites da liberdade humana, perseguido a fim de aumentar a exploração do campo de ação remanescente. De fato, a ciência constituiu-se mais pela eliminação do impossível, pela supressão do não realístico, pela exclusão das questões inadequadas, do que pelo conteúdo variado e mutável de suas preocupações positivas. A ciência, como a conhecemos, pode ser definida como o conhecimento da não liberdade.

A célebre definição de Hegel de liberdade como a necessidade abrangente sintetizou apropriadamente a evolução sutil da ideia de Bacon no processo de sua absorção pela sabedoria do senso comum. Ser livre significa conhecer a própria potencialidade; conhecer a potencialidade é um conhecimento negativo, ou seja, conhecimento do que se está impedido de fazer. O próprio conhecimento pode assegurar que um homem nunca irá justificar suas restrições como opressão; é o desconhecido, a necessidade insuspeita, que é encarado como sofrimento, frustração e derrota humilhante. Mas é apenas a ação não esclarecida que expõe a necessidade como uma força estranha, hostil e completamente negativa. Uma ação informada, ao contrário, precisa da necessidade como seu fundamento positivo. Uma ação genuinamente livre não seria possível se não houvesse necessidade: uma ação livre significa alcançar os próprios fins por meio de uma cadeia de atos apropriados; mas são as leis necessárias, que conectam os atos com os seus efeitos, que fazem esses atos "apropriados" aos fins intencionados. Dessa forma, a dependência mútua entre a liberdade e a necessidade possui dois aspectos complementares. O aspecto negativo é revelado pela ação ignorante; esta é totalmente entendida pela imagem da mariposa cega que se espatifa contra a vidraça. Mas, para uma ação informada, o necessário não é mais uma força negativa; ao contrário, ele próprio define a ação como uma condição indispensável ao seu sucesso. No momento em que se torna calculável – conhecido – o necessário é uma condição positiva da liberdade.

Para Weber, o necessário era a condição da racionalidade. De fato, a ação racional requeria a não liberdade para ser possível. São as regras que confrontam cada engrenagem individual na máquina burocrática com o poder impiedoso e indomável da natureza – as regras que tornam previsivelmente estáveis e seguras as paredes externas da ação – que tornam a burocracia racional, que permitem aos burocratas cuidadosamente selecionar os meios para os fins, seguros pelo conhecimento de que os meios de fato produzirão os objetivos desejados ou que se quer realizar. A ação racional tem início quando as regras "já estão presentes"; ela não é responsável pela origem das regras, não explica por que as regras permanecem fortes, ou por que assumem a forma que possuem. A questão da origem das regras, ou das origens da necessidade ambiental da ação burocrática, não pode ser enunciada na linguagem da racionalidade. Entretanto, se a pergunta for feita, ela fará o convite a uma resposta semelhante àquela dada à pergunta paralela "por que a natureza está aí?" e apontará inevitavelmente para o irracional tanto quanto a última pergunta aponta para Deus. "Se a racionalidade está incorporada na administração..., a força legislativa deve ser irracional."[4] Na medida em que a

---

[4] Marcuse, Industrialization and Capitalism, in: Stammer (Ed.), *Max Weber and Sociology Today*, p.145.

A ciência da não liberdade

ciência elimina questões que conduzem a Deus, a ação cientificamente informada elimina atos que conduzem à irracionalidade. Ambos empregam a natureza, ou a necessidade semelhante à natureza, como a sua alavanca. O preço que eles pagam voluntariamente pelo ganho de eficiência é o acordo de nunca questionar a legitimidade da natureza. Certamente, essa legitimidade não pode ser questionada pela ciência, assim como não pode ser contestada por uma ação racional. Ambos são o que são na medida em que a natureza permanece o domínio da necessidade onipotente e incontestável.

Assim, a liberdade se resume, para todos os efeitos práticos, à possibilidade de agir racionalmente. É a ação racional que incorpora os aspectos negativos e positivos da liberdade. Somente agindo racionalmente é possível manter as restrições dolorosas a uma distância segura, na qual elas não podem infligir dor, nem incorrer em cólera; um homem sustenta, simultaneamente, suas esperanças e seus cálculos nos fundamentos seguros de leis imutáveis e tão confortavelmente previsíveis. O conhecimento é o fator crucial em ambos os aspectos desta liberdade-racionalidade. Conhecimento significa emancipação. Ele transforma grilhões em ferramentas de ação, muros de prisão em horizontes de liberdade, medo em curiosidade, ódio em amor. Conhecer os próprios limites significa reconciliação. Não há necessidade de ter medo agora, e a natureza, uma vez temida ou dolorosa se ignorada, pode ser entusiasticamente abraçada como a casa da liberdade. Assim, é a Natureza, a anfitriã, quem dita as regras do jogo, e quem define essa liberdade.

"Tudo o que pode ser é" proclamou Buffon em sua *Histoire naturelle*. "Oposto à natureza, contrário à razão" – foi a conclusão lógica de Diderot em *Voyage de Bougainville*. O natural, para ele, não é apenas o inevitável e o inescapável: é o apropriado, o oportuno, o bom, o sagrado, o inquestionável. A natureza fornece não apenas os limites da ação e do pensamento razoáveis: ela fornece a própria razão. Todo o conhecimento válido é um reflexo da natureza. O poder do homem consiste em sua capacidade de "saber" o que ele não pode fazer. A ciência está lá para ensiná-lo exatamente isso. Esta é a única via pela qual a ciência "é" poder.

Foi necessário apenas um pequeno passo para lançar esse conhecimento reflexivo já estabelecido ao papel de base da liberdade, como padrão para resolver os assuntos humanos. A natureza é "uma força viva, imensa, que tudo abarca, tudo anima", elogiou Buffon; incluindo o próprio homem – Hume acrescentou, como toque final.

E assim aprendemos do *Tratado da natureza humana* que a única ciência do homem é a Natureza Humana. Em *Investigação sobre o entendimento humano*, são tiradas conclusões equivalentes a nada menos que uma declaração unilateral de independência proclamada em nome da sociologia, a nova ciência que chega e coroa o edifício do conhecimento humano em rápida ascensão: "Há uma grande uniformidade entre as ações dos homens, em todas as nações e épocas"; "a natureza humana permanece a mesma, em seus princípios e operações"; "A humanidade tanto é a mesma, em todos os tempos e lugares, que a história não nos informa nada de novo ou estranho neste particular". Com uma uniformidade tão teimosa e inabalável que se estende por todo o tempo e todo o espaço, o uso do nome da natureza para descrever as propriedades humanas é totalmente garantido. E como a ciência é o conhecimento do que a natureza não é, uma ciência do homem e de seus assuntos é viável e, de fato, necessária, se os homens desejam alcançar a liberdade – tanto negativa quanto positiva – na determinação de suas próprias condições. Nem é preciso dizer que a natureza humana, agora cientificamente revelada e desnudada, determinará os limites e o conteúdo dessa liberdade.

O estudo da natureza humana, no entanto, colocou um problema que nunca havia sido enfrentado quando a natureza não humana era o único objeto de investigação. Este está continuamente em paz consigo mesmo; ele nunca se rebela contra suas próprias leis – sua harmonia e uniformidade foram predefinidas e incorporadas em seu próprio mecanismo. Como diria Hegel, a Natureza (referindo-se à natureza não humana) não tem história; ou seja, não conhece eventos individuais, únicos, instáveis e fora do comum. Essa visão da natureza encontrou sua principal expressão, como Peter Gay recentemente apontou, na veemente paixão com que os pregadores da Era Científica lutaram contra o conceito de milagre. Para explicar uma ocorrência inexplicável, Diderot "procuraria razões naturalísticas – uma brincadeira, uma conspiração ou talvez sua própria loucura". Para Hume, um milagre seria uma violação das leis da natureza, e tal violação é, por definição, impossível. Se um milagre parece ocorrer, deve ser tratado como um relato mentiroso ou como um evento natural para o qual, no momento, nenhuma explicação científica está disponível".[5]

Certamente, não havia nenhuma razão particular para que essa atitude inflexível não pudesse ser estendida à totalidade das ações humanas. De fato, ela foi estendida, mas muito mais tarde, no sistema behaviorista, comportamental, da ciência do homem, que conduziu a sóbria incredulidade da ciência em geral, testada em objetos não humanos, aos seus limites lógicos. Entretanto, o programa behaviorista, ousado e iconoclasta como parecia para aqueles que o redigiram e para aqueles que se opuseram a ele, não era de forma alguma um habitante estranho do castelo da ciência. Nenhum behaviorista nega que a ação humana pode ser irracional; mas a única coisa que todo behaviorista rejeitará enfaticamente é a possibilidade de uma conduta, racional ou irracional, sem uma causa, ou seja, que poderia ser diferente do que foi, dadas as condições em que ocorreu.

A única diferença entre as ocorrências humanas e não humanas consiste, portanto, no seguinte: nos eventos humanos, tende a aparecer um abismo perigoso e impressionante, desconhecido da natureza não humana, entre a conduta humana e os mandamentos da natureza. No caso dos fenômenos não humanos, a própria natureza, sem a intervenção humana, cuida da harmonia entre o necessário e o real, a identidade do real e do bom. No caso humano, no entanto,

---

[5] Gay, *The Enlightenment*, p.148.

a lacuna entre os dois deve ser superada artificialmente e requer esforço constante e consciente. (Adão, como lembramos, foi a única criação divina, a quem Deus não declarou com mais ênfase: *e viu que era bom...*). Como afirmou Louis de Bonald em *Théorie de l'éducation sociale et de l'administration publique*, "a natureza cria a sociedade, os homens conduzem o governo. Sendo a Natureza essencialmente perfeita, ela cria, ou busca criar, uma sociedade perfeita; e uma vez que o homem é essencialmente corrompido, ele destrói a administração ou tende constantemente a estragá-la." O conhecimento dos veredictos naturais, acompanhado e apoiado do respeito pelo que é conhecido, é a matéria com a qual pode e deve ser construída a ponte que liga o existente ao necessário, o real ao bom.

Em seu egoísmo, sua avareza, irracionalidade e tolice, o homem está tão "determinado" pela sua própria natureza quanto está nos momentos mais gloriosos da euforia do cidadão obediente às leis. O segundo não está, contudo, automaticamente assegurado. Não se tornará a regra, a menos que se faça um esforço para inclinar a balança do lado das leis que a Natureza definiu para a sociedade.

E assim, pela primeira vez, a natureza do indivíduo se opõe à natureza da sociedade. Emergindo da "unidade natural" pré-moderna do homem com a sua sociedade corporativa, e lançados em uma situação fluida e subdeterminada que pedia escolha e decisão, os homens articularam a sua nova experiência (ou teria sido articulada para eles) como o choque entre o indivíduo e a sociedade. E assim a sociedade iniciou sua longa e ainda contínua carreira de "segunda natureza", na qual é percebida pela sabedoria do senso comum como um poder estranho, inflexível, exigente e arrogante – exatamente como a natureza não humana. Para obedecer às regras da razão, para se comportar racionalmente, para alcançar o sucesso, para ser livre, o homem agora tinha de se acomodar à "segunda natureza" tanto quanto havia tentado se acomodar à primeira. Ele ainda pode estar relutante em fazer isso: as pessoas se recusam repetidamente a ser razoáveis. Se, em vez disso, fosse a lei da natureza não humana desa-

A ciência da não liberdade

fiada pela indisciplina do homem, a própria natureza logo colocaria o delinquente na linha. Se, porém, fosse a lei fixada pela natureza para os humanos a ser desafiada, a tarefa teria de ser executada pelos humanos. "Quem se recusar a obedecer à vontade geral", disse Jean-Jacques Rousseau em seu *Contrato social*, "deve ser constrangido a fazê-lo por todo o corpo de seus concidadãos: o que não é mais do que dizer que pode ser necessário obrigar um homem a ser livre".

No entanto, quem vai obrigar? E que poder emprestará legitimidade ao seu ato? A resposta de Rousseau é simultaneamente pré-científica (certamente pré-sociológica) e antecipadora de descobertas às quais a sociologia chegará penosamente depois de um século ou mais de um namoro descomprometido, apesar de dedicado, com a ideia de uma sociedade não problemática semelhante à natureza. Rousseau era, de fato, impressionantemente moderno, segundo os nossos próprios padrões, ao retratar a autoridade dominante da sociedade como composta da multidão de vontades individuais dos *homini socii*, e ao definir essa autoridade, portanto, como vontade geral; é apenas o enunciado, não a substância, que nos parecerá arcaico sob um exame mais minucioso. No entanto, ele era pré-científico ao fixar a sua esperança na reconciliação final entre a natureza individual ingovernável e as exigências da entidade supraindividual na ação política, não deixando espaço para o estudioso, o especialista, o educador ou, nesse caso, para a cognição especificamente científica. A única coisa que realmente conta é a determinação do Soberano, do Governante, do Legislador para esmagar qualquer resistência que possa encontrar em seu caminho para "mudar a própria substância da natureza humana; para transformar cada indivíduo... Tirar de um homem seus próprios poderes e em troca dar-lhe poderes estranhos a ele como pessoa, que ele pode usar apenas se for ajudado pelo resto da comunidade." Isso é ainda uma exortação à sociedade para se tornar um poder supremo e implacável (embora benevolente), em vez de um reconhecimento de que, de fato, ela se tornou um, e tem sido um por muito tempo. E é uma expressão de esperança que o choque entre as intenções humanas e a força misteriosa e hostil chamada sociedade que as pessoas continuam vivenciando, não seja, ou não deva ser, uma condição atemporal; ela pode ser explicada como um choque entre intenções "erradas" e uma sociedade mal organizada; e tal conflito, juntamente com os sofrimentos que se seguem, pode muito bem desaparecer se os erros forem eliminados. A "sociologia científica" rejeitará ambas as suposições. Em vez disso, assumirá que o fato de a sociedade ser uma realidade suprema para os homens não é uma questão de escolha humana, ou mesmo sobre-humana. E ela aceitará que a tensão entre o egoísmo humano indomável e as necessidades de sobrevivência da totalidade social (que Blaise Pascal procurou reconciliar pela fé religiosa) está aí para ficar. Por último, mas não menos importante, tendo atribuído à "segunda realidade" a dignidade de única fonte da razão, ela se privará do método de distinguir entre o bom e o real, combinando de forma lenta, mas segura, o bom e o real em um, até que a ideia da Verdade como o *locus* da mais alta autoridade (e, para a ciência, a única) declare o bem fora dos limites.

E assim o terreno estará limpo para a ascensão triunfante da ciência positiva do social – a ciência que vê a "sociedade" como natureza em si mesma, tão ordenada e regular quanto a "primeira natureza" aparece para o cientista natural, e legislando tanto para a ação humana quanto para a "primeira natureza", graças ao cientista natural. A geração pós-revolucionária de filósofos mergulhou na nova fé com o prazer e a impetuosa intolerância dos novos convertidos. Coube a Claude de Saint-Simon articular o catecismo do novo credo:

> A lei suprema do progresso do espírito humano conduz e domina tudo; os homens são apenas seus instrumentos. Embora essa força derive de nós, não está mais em nosso poder evitar a sua influência, ou dominar a sua ação, assim como mudar à vontade o impulso primário que faz nosso planeta girar em torno do sol. Tudo o que podemos fazer é obedecer a essa lei, respondendo pelo curso que ela dirige, em vez de sermos cegamente empurrados por ela; e, aliás, é precisamente nisso que consistirá o grande desenvolvimento filosófico reservado para a era presente. (*L'Organisateur*)

A era presente será mais de descobertas do que de invenções espúrias. "A natureza sugeriu aos homens, em cada época, a forma de governo mais adequada... O curso natural das coisas criou as instituições necessárias para cada era do corpo social" (*Psychologie sociale*). E, portanto, a conclusão mais importante de todas: "Não se cria um sistema de organização social. Percebe-se a nova cadeia de ideias e interesses que se formou e dá-se destaque a ela – e isso é tudo" (*L'Organisateur*). Quase um século depois, ciente da tremenda explosão da ciência social que essas ideias desencadearam, Durkheim perguntará retoricamente:

> Pensar cientificamente – não é pensar objetivamente, ou seja, despojar nossas noções do que há de exclusivamente humano nelas para torná-las uma reflexão – o mais acurada possível – sobre as coisas como elas são? Em uma palavra, não é fazer a inteligência humana se curvar diante dos fatos?[6]

Duas observações são apropriadas neste ponto. Desde o início, a "segunda natureza" foi introduzida no discurso intelectual não como um fenômeno histórico, um quebra-cabeça a ser explicado, mas como uma suposição apriorística. Para expressar a supremacia não qualificada das revoluções da sociedade sobre a vontade humana, Saint-Simon usou uma metáfora não menos grandiosa do que a das revoluções dos corpos celestes, que na época pareciam totalmente fora do alcance da práxis humana. Aceitava-se sem questionar que seu mundo social confrontava os homens da mesma forma que a natureza – como algo com o que eles poderiam conviver e, às vezes, até tirar proveito, mas apenas se eles se rendessem de forma incondicional ao seu comando. A curiosidade intelectual dos sociólogos foi posteriormente atraída para revelar o mecanismo dessa supremacia e registrar assiduamente as regras que ela postula. Quando a prática humana foi colocada no foco de sua atenção, os sociólogos a mantiveram consistentemente dentro do campo analítico já con-

---

[6] Durkheim, *Socialism and Saint-Simon*, p.113.

finado pela premissa anteriormente aceita. Como veremos mais adiante, esta decisão metodológica continha inúmeras vantagens. Ela forneceu ao estudioso critérios claros e inequívocos do normal, distintos do estranho e do irregular; o não problemático como distinto do problemático; o realista como distinto do utópico; o funcional como distinto do disruptivo ou desviante; o racional como distinto do irracional. Em resumo, ela proporcionou aos sociólogos a totalidade dos conceitos e modelos analíticos que constituíram a sua disciplina como um discurso intelectual autônomo. Dentro desta disciplina, a atividade prática humana foi irrevogavelmente atribuída ao papel de variável dependente. Por outro lado, o referido pressuposto ofereceu aos praticantes do discurso gerado um território relativamente amplo de exploração e discordância teórica, o que tem sustentado a polivalência intelectual da disciplina, sem trazê-la de alguma forma próxima de uma perturbação da comunicação que pudesse levar a um questionamento retrospectivo da suposição inicial. Os argumentos mais veementes raramente transgrediam os limites da discussão legítima, tal como definido pelo suposto da "segunda natureza". Os sociólogos discutiam ferozmente sobre a resposta certa para a pergunta de cuja propriedade eles raramente duvidavam: o que é essa segunda natureza, que dá suporte e fornece uma estrutura para a atividade da vida humana?

Em segundo lugar – de passagem, e talvez sem perceber – o programa esboçado por Saint-Simon e posteriormente subscrito na prática, senão em palavras, por várias gerações sucessivas de sociólogos, foi logicamente fundado em dois atos de fusão de problemas, cuja identidade não é de forma alguma autoevidente e, portanto, deve ser demonstrada para ser aceita. Primeiro, assumiu-se que o *status* do "nós" ou "homens" nada mais é do que o *status* do "eu" ou "homem". O produto da multiplicação pode ser maior que seus fatores, mas pertence ao mesmo conjunto de números que o de seus fatores; o ato de multiplicação não confere ao produto atributos que não possam ser rastreados e atribuídos aos próprios fatores.

A ciência da não liberdade

No desenvolvimento posterior da sociologia, a poderosa corrente do pluralismo behaviorista (apropriadamente chamada assim por Don Martindale) aceitou esse sistema de forma literal e completa. A maior parte dos "holistas", com Durkheim como o seu mais proeminente porta-voz e definidor de padrões, tendo ancorado a "segunda natureza" ao "grupo", apressou-se em enfatizar que o grupo "não é redutível" a seus membros, mesmo que sejam numerosos. Na prática, eles estão dispostos a aceitar a redutibilidade do grupo em todos os aspectos, exceto um; nenhum número de indivíduos, por maior que seja, pode enfrentar o poder do grupo e desafiar a sua supremacia. Em resumo, o "grupo" é a própria natureza, e as suas leis, mesmo que – de alguma forma intrincada – de criação humana, não estão sujeitas à manipulação humana deliberada. Ambas as correntes, portanto, concordaram em combinar o "nós" com o "eu" e, consequentemente, sentiram-se livres para realizar o raciocínio de um para o outro. Assim, Saint-Simon, em uma versão um tanto rudimentar de exercícios posteriores mais sutis, considera o problema da experiência do indivíduo a respeito de sua impotência contra a sociedade como idêntico e explicável em conjunto com a suposta impotência da sociedade ("homens") contra as suas próprias "leis supremas do progresso" ("o grupo"). Esse algo que faz tanto a nós quanto a mim experimentar a nossa e a minha impotência está, em certo sentido, acima do domínio da ação humana – individual ou coletiva. As leis são como são, e atribuir seu conteúdo à atividade intencional de alguém seria o mesmo que revitalizar sub-repticiamente o pensamento mágico sob a forma de conhecimento científico. A "consciência positiva", ao contrário das esperanças de Comte, não removeu Deus do universo humano e de suas condições de inteligibilidade. Apenas deu a Deus um novo nome.

Por outro lado, há uma fusão da tarefa colocada perante o estudioso das ações humanas com o suposto *status* existencial do homem na sociedade. Resumindo o programa de Saint-Simon, Durkheim convocou os estudiosos do social a "curvar-se diante dos fatos".

Esses fatos, no vocabulário de Durkheim, são ordens morais, constitutivas da "consciência coletiva" do "grupo". Mas isso é precisamente o que qualquer homem, na visão de Durkheim (e na visão da maioria dos sociólogos), está condenado a fazer durante toda a sua vida. A "segunda natureza" transcende a inteligência humana, representada em seu ápice na atividade dos estudiosos, de forma tão inflexível e implacável quanto o faz com o potencial prático do indivíduo. Por mais que os sociólogos permaneçam fiéis à advertência de Kant contra extrair normas dos fatos, isso é exatamente o que eles fazem no caso em discussão: "o fato" é que a sociedade é para os homens uma "segunda natureza", ou seja, tão incontestável e além de seu controle quanto é a natureza não humana; portanto, a "norma" para o estudioso é tratar a sociedade como tal, ou seja, não tentar nada além de uma "reflexão – tão precisa quanto possível – das coisas como elas são". Os critérios de realismo e racionalidade são idênticos em ambos os casos; os estudiosos devem sucumbir às mesmas limitações que atingem todos os humanos, quer exerçam ou não seus poderes intelectuais na reflexão sobre a sua situação. O pensamento não engendra uma situação qualitativamente distinta. Quando muito, ajuda a "segunda natureza" a atualizar suas tendências intrínsecas de forma mais suave e com menos sofrimento do que seria de outra forma. Ele torna os homens (nós? eu?) mais livres ao reconciliá-los com as necessidades construídas em sua situação social.

Talvez ninguém tenha feito mais para defender a "segunda natureza", assim compreendida, do que Auguste Comte. O discípulo de Saint-Simon mergulhou na tarefa de explicar as ideias implícitas de seu mestre e as suas consequências com um entusiasmo puro e sem temor que só podem ser realmente compreendidos no contexto de redemoinhos desconhecidos e recifes submarinos que obstruíam o caminho à frente. Pertence a Comte, acima de tudo, o mérito de destacar "o social" como uma dimensão separada, autônoma e, em certo sentido, crucial da situação humana. A ideia de regularidade implacável nos assuntos humanos, que transcende o destino

A ciência da não liberdade

individual e é poderosa o suficiente para confundir os esquemas mais engenhosos, não era nova quando Comte entrou no debate. Ao menos um século antes, do *Do Espírito das leis*, Montesquieu postulou a pergunta decisiva sobre a qual a sociologia como ciência positiva seria construída: "Quem pode estar protegido dos eventos que emergem incessantemente da natureza das coisas?" Ficou claro para ele, como para o resto dos *philosophes*, que "em meio a uma diversidade tão infinita de leis e costumes" os homens "não eram conduzidos apenas pelo capricho da fantasia". Certamente, os vários elementos da ideia de regularidade, posteriormente separados e analisados individualmente, ainda estavam entrelaçados de uma forma que desafiava o que seria, do ponto de vista moderno, uma discussão significativa. Mesmo que ele a tenha distinguido entre os problemas, Montesquieu não conseguiu decidir se a regularidade que ele percebia era a eliminação virtual de atos inexplicáveis e extravagantes de fantasia desenfreada – na determinação essencial de toda conduta humana, por mais bizarra que pudesse parecer a um olho desinformado, ou, antes, era a presença de uma força inexorável de lógica sobre-humana que indivíduos e nações desafiam repetidamente apenas para lamber suas feridas, se tiverem a sorte de não perecer. Mas, seja qual for o significado implícito, a regularidade intuitivamente percebida situava-se, clara e diretamente, no nível que hoje descreveríamos como ação política. Isso levou a duas consequências importantes. Primeiro, o campo da ação política era o campo de uma ação humana motivada e orientada para um fim, voltada para a conquista de estados específicos. Quer descrevamos os motivos em termos de traços de personalidade, como avareza, presunção ou inveja, ou em termos de interesses objetivados, como a pretendida unidade da nação ou o aprimoramento de sua glória, as motivações permanecem no centro de nossa atenção – simultaneamente o objeto de investigação e a ferramenta de explicação.

É, portanto, extremamente difícil alienar-se da discussão dos fenômenos políticos o conceito de vontade, intenções, objetivos –

A ciência da não liberdade

os quais, por serem concebidos como regulares, de forma a transcender a idiossincrasia individual, devem estar referidos a fenômenos localizados em algum lugar além da própria esfera política propriamente. Em segundo lugar, segue-se das observações anteriores que, na medida em que a percepção dos assuntos humanos permanece compactada no campo da ação política, a menção das regularidades apresenta obstáculos quase insuperáveis. A analogia histórica, os exemplos dos quais são tiradas lições, foi de fato a aproximação mais próxima da ideia de regularidade que a discussão pré-sociológica dos assuntos humanos já alcançou. Atingiu seu ápice insuperável na obra de Maquiavel, com a visão da história como um jogo cujo resultado é essencialmente indeterminado de antemão; um jogo, porém, em que alguns estratagemas são "mais fiéis à lógica da situação" do que outros e, portanto, podem e devem ser cuidadosamente aprendidos e aplicados por todos os que desejam dominar a necessidade. A repetibilidade de eventos históricos foi assim traduzida como a perpétua eficácia de movimentos específicos que, no entanto, ainda poderiam ser empregados à vontade. Dentro do campo da política, considerado isoladamente dos alcances mais distantes da situação humana, o modelo de jogo é talvez a aproximação mais próxima concebível da ideia de regularidade implantada, "objetivada". Qualquer desenvolvimento posterior da ideia requer a introdução de dimensões analíticas adicionais.

Coube a Comte desencadear o longo e ainda inacabado processo de "descascar a cebola" da condição humana em busca do *situs* da "segunda natureza". Como Ronald Fletcher recentemente observou com propriedade:

> Comte não se opunha à elaboração de uma constituição ou ao esclarecimento de ideais morais, mas acreditava que muitas outras dimensões estavam ativas na sociedade – as atividades econômicas práticas, a formação de propriedade, os conflitos de interesses de classe, a investigação científica, as mudanças nas crenças e comportamentos religiosos etc. – e que apenas com um conhecimento sólido de todos esses processos sociais alguém poderia ser um estadista sólido.

Para ele, portanto, um estudo suficiente das "ordens políticas" deveria ser um estudo completo dos sistemas sociais.[7]

Comte postulou a "segunda camada" abaixo da superfície dos eventos políticos: a "segunda natureza" estende-se abaixo do nível da história política, para a qual os olhos de seus predecessores estavam fixos. A ela pertence o nível "social", o *locus* de regularidade e permanência oculto por trás da série aparentemente aleatória de acontecimentos políticos.

A escolha, ainda evitada ou despercebida pela geração de Montesquieu, foi finalmente feita: essa "natureza social" oculta vem à tona, entra no domínio da conduta humana não necessariamente como um fator determinante do comportamento (os atos individuais podem muito bem ser, todos os estudiosos deveriam se importar com isso, "indeterminados" no sentido de serem causados por fatores impróprios para o tratamento científico, sempre em busca de leis), mas como a limitação em última instância de toda a liberdade de ação humana e o juiz supremo do "realismo", ou seja, a viabilidade de todas as intenções humanas. A "natureza social" é simplesmente aquela força suprema que sempre terá vantagem, não importa quão agressivamente os humanos individuais ou os grupos humanos tentem tirar vantagem dela.

A obra de Comte pode ser interpretada na sua totalidade como uma tentativa consistente de defender uma "natureza social" que atravessa de forma irregular a história política, e faz dos cientistas sociais os únicos intérpretes dessa natureza e, portanto, os mensageiros indispensáveis de seus comandos. Comte concebeu as ações humanas como elos na "grande cadeia do ser", que começa com o desdobramento cego e automático das forças naturais. Apenas algumas ações humanas podem de fato se prender a essa cadeia, e a condição para isso é a sua conformidade com as "tendências

---

[7] Cf. Comte, *The Crisis of Industrial Civilization*, p.28.

naturais". Os atos obstinados, fora do padrão e refratários, inevitavelmente terminarão no cemitério de aventuras abortadas, equivocadas ou ignorantes no domínio do impossível. Comte instou que considerássemos

> a ordem artificial e voluntária como um prolongamento da ordem natural e involuntária para a qual todas as sociedades humanas naturalmente tendem em todos os seus aspectos, de modo que toda instituição política verdadeiramente racional, se é para ter uma eficiência social real e duradoura, deve residir em uma análise preliminar exata das tendências naturais que, por si só, podem fornecer à sua autoridade raízes firmes; em uma palavra, a ordem deve ser considerada como algo a ser projetado, não criado, pois isso seria impossível.

Os homens só podem criar sua ordem artificial se compreenderem a ordem natural (a alternativa seria, presumivelmente, o custoso e doloroso método de tentativa e erro) – eles são, de uma maneira verdadeiramente hegeliana, livres ao conhecer e aceitar o necessário. Caso contrário, terão uma amarga frustração:

> O princípio da limitação da ação política estabelece o único ponto de contato verdadeiro e exato entre a teoria social e a prática social... A intervenção política nada pode fazer pela ordem e pelo progresso, exceto basear-se nas tendências da vida política do organismo, de forma a ajudar o seu desenvolvimento espontâneo por meios bem-escolhidos.[8]

Essa visão era de fato o elemento essencial, se não a característica distintiva mais proeminente, do genuíno *Zeitgeist*, compartilhada por todos os pensadores de todos os matizes de denominação política. Em seu habitual estilo cáustico e sucinto, Joseph de Maistre declarou em seu *Quatre chapitres sur la Russie*, que "o que se chama Natureza é o que não se pode opor sem arriscar a sua própria perdição". Por sua vez, Louis de Bonald interveio: "Mais cedo ou mais tarde, a Natureza reclamará a sua posse" (*Théorie du pouvoir politique et religieux dans la société civile*). A contribuição pessoal de Comte,

---

[8] Extraído de *The Essential Comte*, p.159 e 176.

além de insistir obsessiva e repetidamente no tema com o qual todos os outros se preocupavam na época, foi identificar essa "Natureza", cujo desafio equivale à perdição, como um "Poder Espiritual" supraindividual com uma lógica de desenvolvimento própria: "O poder temporal não pode ser substituído por um poder de natureza diferente sem uma transformação análoga no poder espiritual, e vice-versa."[9]

Comte era demasiadamente preocupado com a tarefa de demonstrar que a "segunda natureza" deve ser considerada quando se contemplam esquemas fáceis de transformar a vida humana pela promulgação de novas leis ou pela colocação de novos homens no poder, e ele não tinha tempo nem intenção de se aventurar muito além desse vago "poder espiritual". Para Comte, essa era uma simples noção, que dificilmente exigia qualquer elaboração ou refinamento adicional. Os êxitos espetaculares das descobertas científicas da época pareciam aos membros da microcomunidade intelectual uma força convincente e poderosa o suficiente para desencadear novas provações para a humanidade como um todo e, portanto, o "poder espiritual" parecia capaz de atingir diretamente as condições da vida social. O próprio processo de "atingir" não preocupava Comte como um problema difícil por si só. Talvez Comte ainda fosse um fiel discípulo do Iluminismo, ao qual reagiu com raiva repetidas vezes e cujo temerário zelo reformador ele tanto queria castigar: ele ainda via o drama do progresso humano como a luta do conhecimento contra a ignorância, da verdade contra o pré-julgamento. A verdade, uma vez promulgada, facilmente se sustentaria, assim como as imagens falsas e viciadas do mundo, pregadas pelas igrejas estabelecidas, haviam dominado o tecido social na sua ausência. Essa visão, por assim dizer, se encaixava bem com o outro motivo dos escritos de Comte – estabelecer "sábios" no papel dos novos líderes espirituais da sociologia, para assumir o poder social (dife-

---

[9] Extraído de *The Crisis of Industrial Civilization*, p.80.

rente do poder político secundário) das mãos trêmulas dos clérigos que viveram além de sua era teológica. Sobre a aproximação da era "positiva" da história humana, Comte escreveu:

> Somente os homens da ciência podem construir esse sistema, pois ele deve fluir de seu conhecimento positivo das relações que subsistem entre o mundo externo e o homem. Esta grande operação é indispensável para constituir a classe dos engenheiros em uma corporação distinta, servindo de comunicação permanente e regular entre os Sábios e os Industrialistas em relação a todos os trabalhos especiais.

Um conhecimento melhor, mais verdadeiro e mais eficiente derrotará e afastará as suas versões menos perfeitas com a mesma facilidade com que uma rocha mais dura é capaz de contundir e cortar outra menos resistente. "Quando a experiência finalmente convenceu a sociedade de que o único caminho para a riqueza reside na atividade pacífica ou nos trabalhos da indústria, a direção dos assuntos passa propriamente para a capacidade industrial." A consagração dos "sábios" será uma simples consequência moral dos novos patamares alcançados pelo "espírito social":

> Quando a política tiver assumido o posto de ciência positiva, o público deveria e deve conceder aos publicitários a mesma confiança, em seu departamento, que agora concede aos astrônomos na astronomia, aos médicos na medicina etc.; com a diferença, porém, de que o público terá o direito exclusivo de indicar o fim e o objetivo do trabalho.[10]

Também nesse aspecto, Comte foi um herdeiro fiel do Iluminismo. O *homo duplex* de Pascal – a besta egoísta domesticada e controlada por um poder sobre-humano – era claramente um axioma para *les philosophes*, que nunca negligenciavam uma oportunidade de manifestar seu desdém pelas massas ignorantes e mentalmente ineptas. Por mais autopropulsora que uma verdade possa ser quando

---

[10] Ibid., p.211, 80 e 78.

A ciência da não liberdade

proclamada, a sua descoberta é uma questão elitista. A multidão apaixonada, míope e egoísta não pode se aproximar da verdade sem ajuda. Para revelar as delimitadas paixões humanas, é preciso primeiro abandonar as próprias paixões (lembremos de Durkheim, que diz "despojar-se de nossas noções do que há de exclusivamente humano nelas") e purificar-se de lealdades incapacitantes. É preciso um poder sobre-humano para vislumbrar a Verdade. Rousseau esboçou seus aspectos essenciais:

> Para descobrir quais regras sociais são mais adequadas às nações, é necessária uma inteligência superior que possa examinar todas as paixões da humanidade, embora ela mesma não esteja exposta a nenhuma; uma inteligência que não tenha contato com a nossa natureza, mas que a conheça plenamente; uma inteligência cujo bem-estar é independente do nosso, mas disposto a se preocupar com ele.[11]

Essas palavras foram concebidas por Rousseau como uma descrição de Deus. Sem perceber, os "sábios" deslizaram na direção do molde esculpido para o Ser Supremo. A purificação das paixões sempre foi um componente vital de qualquer rito de consagração. Para se aproximar do Absoluto, esperava-se que os humanos lavassem a poeira terrena que cobria seus corpos e suas almas. "Renunciar ao contato com a própria natureza" tinha significado sagrado e potencial santificador. Ao colocá-los na posição de juízes supremos, pairando bem acima do vale das paixões doentias, Comte consagrou os "sábios".

A "segunda natureza" deificada

Coube a Durkheim deificar a sociedade. Durkheim assumiu a tarefa no ponto em que Comte a abandonou. Embora aceitando

---

[11] Cf. *Social Contract. Essays by Locke, Hume, and Rousseau*, p.290.

plenamente, como comprovado, que o "poder espiritual" é de fato a "segunda natureza" que as pessoas vivenciam como os limites de sua liberdade, Durkheim passou a fazer-se a pergunta – e possivelmente a respondê-la – que Comte não considerou intrigante ou digna de ser feita: qual é a "substância" da "segunda natureza", e por que o seu domínio sobre a conduta humana é tão eficaz?

As ideias de Durkheim sobre a realidade social foram geradas nas condições de uma rápida, embora completa secularização da vida social e política francesa, tanto com o domínio da religião institucionalizada quanto com a poderosa legitimação "imperial" do poder do estado se esgotando e perdendo seu domínio. A questão de como a sociedade pode sobreviver como uma unidade integrada e solidária, sem o seu adesivo tradicional, torna-se ao mesmo tempo intrigante e pertinente. Restaurar a autoconfiança abalada pela descoberta de uma nova resposta convincente ao *quod juris* da sociedade nacional tornou-se, por assim dizer, a ordem patriótica do dia. Foi Durkheim quem respondeu mais firmemente ao desafio.

Diante disso, Durkheim despiu e expôs a "natureza social de Deus", mostrando que em todos os tempos, mesmo nas eras mais religiosamente devotas, Deus nada mais era do que a sociedade disfarçada, os mandamentos da sociedade tornados sagrados e, portanto, inspirador de respeito e temor. Portanto, o desaparecimento de Deus e sua aljava de raios pode ser considerado um problema menor. A sociedade acabará por sair ilesa do suposto desastre – quando muito, rejuvenescida e fortalecida, podendo enfrentar seus membros sem disfarces e proferir as suas sentenças em seu próprio nome. Mas, quando visto de outra perspectiva – aquela do terreno no qual os mandamentos seculares da sociedade humana podem ser obedecidos com a mesma submissão e autoabandono como costumavam ser as sagradas ordens –, o mesmo raciocínio aparece sob uma luz diferente. Em vez de secularizar Deus, Durkheim deificou a sociedade. Repetidas vezes, Durkheim vê e admite a verdade: "Kant postula Deus, pois, sem essa hipótese, a moralidade é ininteligível.

Nós postulamos uma sociedade especificamente distinta dos indivíduos, pois, caso contrário, a moralidade não tem objeto e o dever não tem raízes."[12] Para Durkheim, "a escolha reside entre Deus e a sociedade". Uma vez que a escolha deve ser feita, pois a ordem social ligada à moralidade deve ser salva dos destroços da regra religiosa, "eu vejo na Divindade apenas a sociedade transfigurada e expressa simbolicamente."

Do outro lado do canal de comunicação, porém, a mensagem modifica um pouco seu conteúdo: não é preciso dar nomes fictícios à sociedade; ela pode e deve ser deificada por direito próprio. A vontade da sociedade é a razão suficiente para os mandamentos morais, e o mesmo respeito e a mesma obediência que a sociedade sempre recebeu, ainda que em uma máscara ritual, devem-se a ela mesmo quando nos encara sem máscara.

De fato, embora a descrição de Durkheim da "segunda natureza" seja incomparavelmente mais rica e densa do que a de Comte, ela não vai muito além da predicação teológica cristã, e particularmente judaica, de Deus. A sociedade é o que "se impõe de fora sobre o indivíduo"; o que se impõe com "força irresistível"; o que "ultrapassa o indivíduo"; o que é "bom e desejável para o indivíduo que não pode existir sem isso ou negá-lo sem negar a si mesmo"; o que é uma personalidade qualitativamente diferente das personalidades individuais das quais é composta; que é "a autoridade que exige ser respeitada até mesmo pela razão. Sentimos que ela domina não apenas nossa sensibilidade, mas toda a nossa natureza, até mesmo nossa natureza racional." A sociedade de Durkheim compartilha com o Deus dos teólogos a sua predicação negativa (mais poderoso que os homens, infalível ao contrário dos homens, bom ao contrário dos maus indivíduos etc.) e a sua específica "subdeterminação": uma resistência característica à atribuição de traços que poderiam emprestar a Ele, ou a ela, uma medida de tangibilidade sensorial.

---

[12] Durkheim, *Sociology and Philosophy*, p.51-2.

Ocasionalmente, Durkheim entrega-se ao que pode ser considerado apenas um estilo teológico genuíno, confirmando assim, embora de forma paradoxal, que Deus e a sua sociedade diferem apenas em nomes:

> A sociedade nos comanda porque é exterior e superior a nós; a distância moral entre ela e nós a torna uma autoridade diante da qual nossa vontade se submete. Mas como, por outro lado, ela está em nós e "é" nós, nós a amamos e a desejamos, ainda que com um desejo *"sui generis"*, pois, o que quer que façamos, a sociedade nunca poderá nos pertencer mais do que parcialmente, e ela nos domina infinitamente... Se você analisar a constituição do homem, não encontrará nenhum traço dessa sacralidade da qual ele está investido... Esse *ethos* foi acrescentado a ele pela sociedade.

E, finalmente, com um autoabandono verdadeiramente místico:

> O indivíduo submete-se à sociedade e esta submissão é a condição de sua libertação... Ao colocar-se sob as asas da sociedade, ele também, em alguma medida, torna-se dependente dela. Mas esta é uma experiência libertadora.[13]

Existe toda a diferença que se pode conceber entre a sobriedade de Durkheim e o fervor religioso de Pascal, apesar dos ocasionais arroubos santimoniais de Durkheim. Mas, em geral, a obra de Durkheim pode ser considerada uma tentativa de reformular o velho dilema de Pascal do *homo duplex*, em uma época em que o controle da Igreja sobre as mentes humanas perdia força rapidamente. Ou ainda, uma tentativa de impedir à sociedade "secular" a linguagem apaixonada até então usurpada pela teologia. O dilema de Pascal de fato inspira e informa a totalidade das explorações de Durkheim. De fato, algumas das sugestões notoriamente evasivas de Durkheim (incluindo as mais incômodas de todas, "a alma", "a mentalidade" ou "a consciência coletiva") parecem estranhas apenas se consideradas fora do contexto da contínua tradição pascaliana

---

[13] Ibid., p.57 e 72.

na vida intelectual francesa. Como afirma Pascal, há duas verdades constantes e invioláveis:

> Uma é que o homem no estado de sua criação, ou no estado de graça, é exaltado acima de toda a natureza, feito à semelhança a Deus de modo a compartilhar sua divindade. A outra é que, no estado de corrupção e pecado, ele caiu daquele primeiro estado e tornou-se semelhante aos animais... Vamos conceber, então, que a condição do homem é dual. Vamos conceber que o homem transcende infinitamente o homem, e que, sem o auxílio da fé, ele permaneceria inconcebível para si mesmo, pois quem não é capaz de ver que, a menos que compreendamos a dualidade da natureza humana, permanecemos invencivelmente ignorantes da verdade sobre nós mesmos.

Para escapar desta dualidade da existência, fonte de sofrimentos permanentes e do embate atormentador entre os instintos bestiais e a consciência moral, deve-se abraçar Deus – deve-se, de fato, entregar-se, voluntária e zelosamente, à Sua graça divina.

> A verdadeira conversão consiste em aniquilar-se perante o ser universal a quem tantas vezes contrariamos e que tem todo o direito de nos destruir a qualquer momento, reconhecendo que nada podemos fazer sem Ele e que nada merecemos senão o Seu desprezo. Aquele que se une ao Senhor é um só espírito, nós nos amamos porque somos membros de Cristo. Nós amamos Cristo porque ele é o corpo do qual somos membros. Todos são um. Um está no outro...[14]

Durkheim irá "secularizar" Pascal: "Amar a sociedade é amar tanto algo além de nós quanto algo em nós mesmos. Não poderíamos desejar sermos livres da sociedade sem desejar terminar nossa existência como homens."[15] Em Pascal, a sociedade foi personificada. Em Durkheim, foi reificada. Em ambos os casos, permaneceu deificada.

O conceito de sociedade foi introduzido por Durkheim quase por força de definição. Com a sua essência dilacerada em pedaços,

---

[14] Pascal, *Pensées*, p.66, 65, 137, 136.

[15] Durkheim, *Sociology and Philosophy*, p.55.

A ciência da não liberdade

que ele não consegue conciliar sozinho, o homem torna-se humanizado apenas quando se entrega à sociedade. Não há, de fato, outra forma de definir "ser humano" senão recorrendo à definição atualmente imposta por uma determinada sociedade. Uma afirmação "esta é uma má sociedade" é inexprimível dentro da lógica durkheimiana; a sociedade pode ser ineficiente, mal-organizada, como acontece no caso da "anomia" – o fracasso da sociedade em transmitir a sua mensagem ou em fornecer os bens tornados desejáveis por suas normas. Mas a sociedade não pode ser má; como poderia ser, se é o único fundamento, medida e autoridade por trás da moralidade, o conhecimento do bem e do mal. "É impossível desejar uma moral diferente daquela endossada pela condição da sociedade em um determinado momento. Desejar uma moralidade diferente daquela implícita na natureza da sociedade é negar esta e, consequentemente, a si mesmo." Não existe uma escala de valores separada e independente com a qual a moralidade sancionada por uma determinada sociedade possa ser medida e avaliada e, portanto, não há lógica na qual a frase "esta sociedade é ruim" faça sentido. O homem, portanto, só pode ser um ser moral como resultado de sua obediência à sua sociedade. A conformidade social e a humanidade se confundem.

A alternativa não é uma "sociedade melhor" (isso não teria sentido), mas o retorno à vida animal.

> Imagine um ser liberado de toda restrição externa, um déspota ainda mais absoluto do que aqueles de que a história nos relata, um déspota que nenhum poder externo pode conter ou influenciar. Por definição, os desejos de tal ser são irresistíveis. Devemos dizer, então, que ele é todo-poderoso? Certamente não, já que ele mesmo não consegue resistir aos seus desejos. Eles são senhores dele, como de tudo mais. Ele se submete a eles; ele não os domina.

E assim a escolha é entre dois tipos de não liberdade: a bestial e a humana. Este é o significado da "rendição libertadora" à dominação da sociedade. Ao se entregarem, os homens sacrificam apenas a sua liberdade inferior, a animal, a parte corrompida – como diria Pascal – de sua personalidade. Em vez disso, eles têm a oportunidade de exibir o seu lado humano na única forma disponível de humanidade, conforme forjado pelo grupo específico do qual foi adquirido.

No entanto, tornar-se humano não é necessariamente um desejo inerente aos homens. De qualquer forma, é um assunto sério demais para ser deixado à livre escolha dos indivíduos. Como diria Rousseau, os homens "devem ser forçados a ser humanos". Nas palavras de Durkheim, "a sociedade não pode criar a si mesma nem recriar a si mesma sem ao mesmo tempo criar um ideal". Assim, o homem "poderia não ser um ser social, isto é, ele poderia não ser um homem, se não tivesse obtido essa condição".[16] A sociedade, que – sendo coincidente com a moralidade – é o bem encarnado e, ao mesmo tempo, o seu supremo juiz, tem o direito (diríamos, o direito moral) de coagir seus membros à existência moral, *ergo*, humana, a viver de acordo com seus padrões morais, a despeito de os indivíduos específicos quererem isso ou não. Em *Odysseus und die Scheveine, oder das Unbenhangen an der Kultur*, Lion Feuchtwanger ponderou sobre a possibilidade apavorante de que os marinheiros de Ulisses, uma vez transformados em porcos pela traiçoeira Circe, gostassem da sua experiência e se recusassem a voltar à forma humana. Por tudo que o discurso de Durkheim pode articular, não é difícil que isso tenha ocorrido, sem minimamente minar a "necessidade" da sociedade ou questionar a sua legitimidade moral. A religião, longe de uma adulteração do preconceito humano e um carcereiro da mente humana, proporciona o melhor padrão dessa inquestionável legitimidade moral sendo propriamente exercida, com meios humanos adequados aos fins humanos. Sempre que a "intervenção do grupo", que resulta na imposição "uniforme sobre vontades e inteligências particulares", em "um tipo" de pensamento e "ação", toma uma forma de ritual religioso, "não é o caso de se

---

[16] Durkheim, *The Elementary Forms of the Religious Life*, p.422-3.

exercer um constrangimento físico sobre forças cegas e, a propósito, imaginárias, mas antes, de alcançar a consciência individual, dar-lhes uma direção e discipliná-las".[17] Em uma sociedade funcionando ideal e tecnicamente no seu todo, os homens, nas palavras de Irving Hallowell, "iriam querer agir como devem agir e, ao mesmo tempo, encontrar satisfação em agir de acordo com os requisitos da cultura"[18] – ou, como Erich Fromm coloca, as necessidades sociais seriam transmitidas em traços de caráter.[19]

Por uma curiosa distorção de perspectiva, tornou-se universalmente aceito, nas versões folclóricas de Durkheim, que seu principal postulado metodológico era que as ideias são coisas e deveriam ser exploradas como tal. Enunciado dessa forma, literalmente e fora do contexto dos escritos de Durkheim, esse postulado parece simplesmente outra profissão de fé positivista – um apelo aos estudos dos fatos sociais da mesma forma como os cientistas naturais investigam o natural. Entretanto, não é esse o sentido que a notória afirmação dá à lógica da preocupação teórica de Durkheim. Antes de Durkheim ter feito a pergunta sobre como as coisas humanas deveriam ser exploradas, ele primeiro havia investigado a natureza das coisas humanas.

A inspiração original, o impulso de todo o sistema teórico durkheimiano, foi obtido no problema colocado de lado por Comte como supostamente autoevidente e sem dificuldade: o que é esse algo que não está presente na natureza não humana, e ainda assim confronta os seres humanos com o poder opressivo típico das coisas naturais? O que é esse algo que é vivenciado com a perfeição e a resiliência das coisas, e ainda assim não apresenta nenhum dos aspectos que usamos para caracterizar as "coisas comuns"? A resposta – a única realmente importante – era: as ideias. São as ideias que nos confron-

---

[17] Ibid., p.436, 41.

[18] Hallowell, Culture, Personality, and Society, in: Tax (Ed.), *Anthropology Today. Selections*, p.365.

[19] Fromm, Psychoanalytic Characterology..., in: Sargent; Smith (Eds.), *Culture and Personality*, p.10.

A ciência da não liberdade

tam como se elas fossem coisas. Esse postulado supostamente revolucionário, de que as ideias deveriam ser tratadas como coisas no curso da investigação científica, seguiu com um automatismo virtualmente tautológico: certamente, coisas deveriam ser estudadas enquanto coisas; uma vez que foi revelado que uma subclasse de coisas consiste em ideias socialmente apoiadas, é uma questão do mais simples silogismo delinear a conclusão: ideias devem ser estudadas como coisas. Durkheim não se incomodou em tentar provar a principal premissa (a ela foi concedido o *status* de axioma pelo senso comum), nem a conclusão (isso não requer qualquer prova, seguindo como consequências de suas premissas, pela força das regras lógicas). Em vez disso, a sua atenção focalizou a premissa menos importante: algumas coisas são ideias; ele trabalhou muito para provar isso. Esse aspecto distinto da sociologia durkheimiana – o qual tem sido tomado e absorvido pela maior parte da sociologia do século XX – foi a decodificação da experiência da "segunda natureza" como um conjunto de ideias comumente aceitas, que se impunham com a força invencível, graças ao fato de que definem o sentido do ser humano, da moral e do bem.

Essa ideia central da sociologia durkheimiana foi subsequentemente apresentada (no que talvez seja uma versão modernizada, mas certamente obscura) como a visão de que o que integra a sociedade em um sistema que encara o indivíduo como uma força superior e autônoma é a sujeição universal ao assim chamado "conjunto central de valores" – uma versão higiênica e desidratada da "consciência coletiva". Se reduzida à sua essência básica e ao jargão purificado que obscurece a essência, a ideia torna-se surpreendentemente simples (revelando simultaneamente sua autolimitação, também oculta): a sociedade, sendo o único cenário para a existência humana do *homo sapiens*, consiste, portanto, na conformidade de seus membros aos ideais centrais socialmente ancorados. Portanto, se a sociedade não sucumbe, é devido à conformidade de seus membros a esses ideais. E isso é bom e desejável. (Cabe mencionar, antecipando a discussão mais à frente, duas das limitações autoimpostas desse raciocínio: em primeiro lugar, a existência da sociedade responde a necessidades antropológicas, necessidades dos homens como membros da espécie humana; assim, por definição, ela é extra-histórica e extrapartidária. Em segundo lugar, a necessidade justificada de "uma" sociedade tem sido tacitamente identificada com a necessidade de "a" sociedade, que, por sinal vem a definir, no momento, o significado do ser humano. Essa sociedade específica é, certamente, um fenômeno histórico. Mas, tendo relacionado isso a uma necessidade antropológica, extra-histórica, essa perspectiva teórica apresenta o histórico como o natural. Não tanto por uma afirmação explícita nesse sentido, mas pela negação da possiblidade de definir o sentido de "ser humano" em termos não fornecidos e não legitimados pela sociedade atualmente existente.)

A história de grande parte da sociologia pós-durkheimiana resumiu-se a uma crítica imanente dessa resposta simples, talvez simplista, à questão sobre a natureza do poder coercitivo da sociedade. Os sucessores de Durkheim não puderam satisfazer-se por muito tempo com a generalidade da sua resposta, assim como o próprio Durkheim não pôde absorver a generalidade da reposta de Comte; daí que eles tentaram dissecar, cortar, dividir o "conjunto central" em suas partes constitutivas, inexploradas por Durkheim, e revelar a morfologia da ascendência dos ideais centrais sobre os seres humanos individuais. Essa crítica foi imanente, uma vez que o pilar central da sociologia durkheimiana nunca foi questionado: o que é semelhante a uma coisa na experiência conhecida como "sociedade" são ideias, e , por conseguinte, a sociedade permanecendo como é, acima de tudo é um evento que ocorre no espaço que se estende entre as mentes. Tampouco foi feita a questão do preço de "ser humano" na forma assim definida.

Para dar apenas os mais originais e sofisticados exemplos da crítica imanente, vamos considerar aquelas modificações do tema central que foram introduzidas por Shils, Parsons e Goffman.

No trabalho de Shils, o papel dos ideais centrais (valores) em sustentar e apoiar o todo social não é negado; mas postula-se que, para o seu impacto limitativo no comportamento do indivíduo ser efetivo, outros fatores devem fazer mediação, aos quais Durkheim prestou pouca ou nenhuma atenção. Sugere-se, portanto, que a força mental da sociedade sobre os indivíduos tenha de fato uma estrutura de duas camadas, expressa no conceito de centro e periferia. O sistema central de crenças de uma sociedade – como menciona Shills – é uma abstração de alto nível que pode ser apreendida apenas por meio de uma análise filosófica intelectualmente exigente. Mas as pessoas comuns não são filósofas, de forma que entram em contato com a presença imediata dos valores centrais apenas nas situações cerimoniais, que são relativamente poucas. À medida que esses eventos duram, o firme apego emocional aos valores centrais é levado a um nível mais alto, a lealdade é revigorada, consolidada e fortalecida, mas não necessariamente traduzida em preceitos mundanos relevantes à rotina diária e capazes, portanto, de salvar a conformidade cotidiana. São os laços pessoais, os laços primitivos (como as lealdades de parentesco ou quase-parentesco), as responsabilidades parciais definidas em diversos grupos corporativos – mais do que as crenças evocadas em cerimoniais – que asseguram a sustentação dos valores centrais pela rotina, pela atividade institucionalizada pela multidão dos homens. Então, de fato, são o denso tecido de relações próximas (face a face ou formalizadas e relacionadas a papéis) e as tarefas imediatas à disposição que canalizam o comportamento humano de rotina para a conformidade com os valores centrais, enquanto os valores, propriamente, permanecem, da perspectiva dos homens comuns, inconspícuos, obscurecidos, e mesmo invisíveis. E assim a imagem da integração social, que Durkheim propôs estender a toda sociedade, é reduzida por Shils ao núcleo central do sistema social. É a esfera central isolada que, de forma consciente e articulada, sustenta e é sustentada pelos ideais cruciais da sociedade. A esfera periférica não é presa ao eixo central por lealdade ideológica, mas ligada a ela por meio de inúmeros fios de vínculos, tanto os pessoais quanto os vínculos não tão pessoais.

Os fios que mantêm a sociedade unida em várias camadas são diferentes, mas todos são tecidos no mesmo fuso de ideias. Shils destaca a insuficiência do conceito dos "ideais centrais" como uma explanação da persistência da "realidade social". Mas outros conceitos que ele inclui para apoiar e complementar o legado durkheimiano são feitos do mesmo material bruto, e o postulado "algumas coisas são ideias" permanece com muito vigor. Apenas fragmentos de ideais centrais devem ser absorvidos por toda a sociedade para sobreviver, mas eles devem ser sustentados por uma pletora de outros ideais, como o parentesco ou a lealdade organizacional (todos sendo, certamente, ideias que atuam como coisas), para exercer a sua função.

A imagem de uma estrutura da superioridade da sociedade, de múltiplas camadas e baseada em valores (que Shils encontrou em seu estudo realizado durante a guerra sobre os prisioneiros de guerra alemães, e publicado no *British Journal of Sociology* em 1957), foi delineada em mais detalhes por Talcott Parsons – na sua teoria dos níveis de organização da estrutura social.[20] Como sabemos, toda a teoria parsoniana da sociedade está organizada em torno do conceito de padrões normativos articulados, cuja influência coercitiva sobre o comportamento dos indivíduos é obtida e continuamente sustentada pelo esforço duplo de "manutenção de padrões e orientação da tensão" (a ação preventiva e penal contra desvios, assim como as induções positivas de condutas conformadas), e a "integração" (sobretudo processos descritos comumente sob o título de socialização). Os padrões normativos, assim como em Durkheim, refletem os requisitos do todo social; eles especificam aqueles aspectos do comportamento individual que são relevantes ao bem comum e que devem ser observados se a sociedade quer sobreviver. Somente se as

---

[20] Cf. Parsons, General Theory in Sociology , in: Merton et al. (Ed.), *Sociology Today*.

A ciência da não liberdade

ações individuais forem subordinadas a tais padrões normativos, a sociedade criará um ambiente viável no qual a ação social é possível. Os padrões normativos especificam, pode-se dizer, as condições mais gerais e necessárias da existência social.

Em sua teoria da organização hierárquica da estrutura social, Parsons fala da diferença essencial entre a sua noção de padrões normativos e os "ideais" durkheimianos incorporados na *âme collective*. Os padrões normativos não se referem necessariamente de forma direta aos objetivos coletivos, societais, à necessidade de sustentar a união, a cooperação comunitária etc. Por meio de sua única estrutura hierárquica eles apontam, em última instância, precisamente para essa direção; mas, particularmente em suas ramificações mais baixas, específicas e particularizadas, eles podem bem ocultar o alvo final, visível apenas quando visto de cima – nos resultados de instruções minuciosas aparentemente despreocupadas com o bem-estar da totalidade.

> Os valores mais gerais do nível mais alto são articulados a níveis sucessiva-mente mais baixos, de forma que as normas que governam as ações específicas ao nível mais baixo possam ser conhecidas... Nos níveis mais baixos, normas e valores aplicam-se apenas a categorias especiais de unidades da estrutura social, a menos que sejam as normas mais gerais a todos os "bons cidadãos" e, portan-to, estejam ocultas sobretudo em termos de uma referência de personalidade.

Dessa forma, as normas mais gerais e cruciais, relacionadas dire-tamente à sobrevivência da sociedade, são traduzidas em instruções seculares e comuns. A grandiosa estrutura do sistema social pode ser sustentada sem um apelo explícito a sanções sagradas. É sustentada pela observância rotineira e habitual dos usos comuns, e não pela internalização universal e pela lealdade às articulações mais elevadas e abstratas do conjunto central de valores. Com efeito, o indivíduo pode muito bem não estar ciente das consequências mais remotas de sua conduta diária, relacionadas ao sistema. De seu ponto de vista limitado, apenas um ramo ou dois, ou uma dúzia de galhos, são visíveis, enquanto o resto da árvore pode passar despercebido sem prejudicar o bom andamento de sua rotina diária. Cabe ao analista social reproduzir teoricamente o fino tecido dos padrões normativos que se encaixam, explicitar a sua função implícita, mostrar como são indispensáveis para a ação social e, de fato, para a existência social dos seres humanos. Reconhecemos o papel tradicional do sacerdote – o intérprete da sabedoria intrínseca, embora oculta, da Criação, o pregador do bem que consiste na entrega e na alegria que pode ser derivada da necessidade abraçada com entusiasmo. O princípio escolástico *ens et bonum convertuntur* dá adesão às articulações mais fracas da teoria: não se pode imaginar a existência sem sociedade, e portanto, é bom que a sociedade sobreviva; e só pode sobreviver se o consenso for assegurado; esse consenso é laboriosamente erigido a partir de trivialidades aparentemente insignificantes; portanto, vamos aprender a ver através deles, a perceber as razões superiores nas rotinas mais simples, as funções vitais nas censuras incômodas, a ver o nobre no inferior. O efeito geral da "hierarquização do consenso" parsoniano – a sua vinculação dos preceitos mais estreitos à sobrevivência da sociedade, sua firme suposição de que qualquer exigência vinda de "fora" dos fins e motivos do ator, por mais difícil e incrível que pareça, pode, em princípio, ser demonstrada como derivada dos comandos mais cruciais da sobrevivência da sociedade – equivale a uma consagração e um enobrecimento indiscriminados de uma maneira verdadeiramente leibniziana, de tudo o que é experimentado na vida social como real, incluindo os seus aspectos mais imperceptíveis.

A suposição comum de Durkheim e Parsons é que se uma ação significativa (humana, no caso de Durkheim; efetiva, no caso de Parsons) de um indivíduo é possível a todos, os mesmos padrões normativos ou ideais devem motivar e limitar o comportamento de todos os indivíduos que compartilham a ação. O que é necessário é – nas palavras de William Isaac Thomas, a quem Parsons reconhece repetidamente sua dívida intelectual – "uma organização de grupo corporificada em um esquema de comportamento socialmente esquematizado imposto como regras sobre os indivíduos" (*The Polish Peasant in Europe and America*). De forma ordenada, planejada, organizada, eficaz – de fato, livre – a ação humana depende do esforço bem-sucedido dos padrões institucionalizados (mesmo que eles se materializem, "superfície ao nível do fenômeno", por meio da psique dos atores individuais, eles ainda constituem uma realidade externa, uma "segunda natureza" do ponto de vista dos atores), sendo, como elas são, imperativas, e dentro dos limites da ação intencionada, inevitáveis. É essa indômita "segunda natureza" que salvaguarda as expectativas complementares – essa condição suprema da ação humana.

> Há uma dupla contingência inerente à interação. Por um lado, as gratificações do ego são contingentes à seleção do ego entre as alternativas disponíveis. Mas, por sua vez, a reação do alter será contingente à seleção do ego e resultará de uma seleção complementar do alter. Devido a essa dupla contingência, a comunicação, que é a precondição dos padrões culturais, não poderia existir sem a generalização a partir da particularidade das situações específicas (que nunca são idênticas para o ego e o alter) e a estabilidade do significado, que só pode ser assegurada por "convenções" observadas por ambas as partes.[21]

Ao longo da sua obra, Parsons apela ao medo pan-humano da incerteza, da imprevisibilidade, do estranho, do extraordinário e do surpreendente. Tal medo, um fenômeno antropológico (no sentido de estar inexoravelmente associado a toda e qualquer ação humana), tem dupla face: o terror de que "as coisas" fiquem descontroladas e respondam ao manejo rotineiro e habilidoso de maneira incomum e imprevisível, e o horror de as "pessoas" confundirem todas as expectativas usando um código simbólico ilegível ou anexando significados inescrutáveis a sinais conhecidos. É esse medo que a sociedade articulada de maneira harmônica e coerente promete

---

[21] Parsons e Shils, *Toward a General Theory of Action*, p.16.

A ciência da não liberdade

dissipar. Ela oferece a libertação do medo em troca da conformidade às "convenções".

Uma dessas convenções, algo de suma importância, é a divisão de papéis e seu tratamento diferenciado. Os requisitos do papel são, em geral, bem-definidos. Eles explicam as respostas esperadas a estímulos comuns. Quando conhecidos por ambos os protagonistas de uma interação, eles fornecerão a almejada "estabilidade de significado" durante a troca. Os interlocutores entram em sua interação "pré-fabricada", processada pela sociedade, com os significados de seus atos firmemente ligados às suas possíveis ações com bastante antecedência, como acessórios do papel assumido. Os significados não são negociáveis, eles são dados desde o início ou algum tempo antes do início, e o único resultado de um desvio será uma distorção da comunicação. Mas então todos os espectros assustadores de um mundo desordenado e imprevisível retornarão prontamente. Eles são mantidos a uma distância segura apenas na medida em que cada um se apega ao papel que lhe foi atribuído; e a aceitação incondicional de cada parte na alocação essencialmente desigual de recompensas que a sociedade é capaz de oferecer é a condição *sine qua non* de um mundo ordenado.

A atração que a versão de Parsons sobre a tese de Durkheim possuía pode ser atribuída à solução irresistivelmente fácil que oferece ao assombroso sentimento de incerteza emitido pela turvação da condição humana. A docilidade é o único preço que se pede pela própria segurança; e os bens (somente se todos os outros respeitarem suas dívidas) serão seguramente entregues mediante pagamento. Ao mesmo tempo, os custos da insolvência foram elevados a níveis imprecisos; a escolha agora é entre a ordem e o caos, a segurança e o pandemônio, o refúgio tranquilo e as águas turbulentas desconhecidas. Diante de tal escolha, é mais fácil manter-se dócil e aceitar a sua parte, por mais inferior e injusta que pareça: ou seja, parece não haver alternativa. O modelo parsoniano de "natureza social" suprime a alternativa, que é a função distintiva mais importante de todas as ideologias conservadoras e dominantes. Ao apresentar essa supressão como, em sua essência, uma questão de valores que as pessoas respeitam e obedecem, ele acrescenta força às atrações ideológicas: a ideia está em sintonia com a fórmula estabelecida de sabedoria e legitimidade.

A coerção é necessária – esta é a principal mensagem da teoria parsoniana. Ela possui, com certeza, uma qualidade tranquilizadora, como teria inevitavelmente qualquer declaração apoiada pela ciência que reafirma palpites intuitivos de bom senso. A linha de Durkheim--Parsons na sociologia é uma elaboração dos principais temas da experiência do senso comum e, dentro dos horizontes dessa experiência, a única elaboração inteligível. Quando a situação da vida humana é constituída pela troca de mercado, considerada o único mecanismo pelo qual podem ser fornecidas as condições de sobrevivência individual, o indivíduo pode somente tentar reorganizar o seu ambiente social sintonizado com os seus interesses e os seus desejos inspiradores; mas isso ocorrerá para todos. Se não houvesse uma forma ou outra de coerção, o mundo resultante seria, na melhor das hipóteses, um mundo tecnicamente insustentável, e na pior, um inferno pintado por um surrealista. Pode-se dizer que essa liberdade tipo-mercado requer a coerção como o seu complemento necessário; sem ela, nunca promoveria condições suficientes para a sobrevivência da sociedade, ou, na verdade, a sobrevivência do indivíduo. A mensagem de Parsons não é, portanto, uma mentira. Ao contrário, ela resume o que parece ser uma descrição justa e consciente para a sobrevivência da sociedade como ela é, e como a conhecemos. Enquanto nós vivermos e desejarmos permanecer vivos em uma sociedade organizada como "uma estrutura de oportunidades para o preenchimento de um individualismo egoísta",[22] entendemos como um pesadelo (e chamamos de "lei da selva") a ausência de poder coercitivo forte o suficiente para reprimir o mesmo individualismo

---

[22] Stanley, The Structures of Doubt, p.430.

egoísta que ansiamos por satisfazer. Se existe uma contradição entre esses desejos, não é de forma alguma causada pelas fragilidades da razão humana, e não pode ser corrigida pelo aperfeiçoamento da lógica humana: ela é, de fato, um reflexo da genuína incompatibilidade entre os comandos igualmente poderosos da situação existencial – uma situação da qual não há saída boa nem sem ambiguidade. E assim, a coerção é inevitável. A única escolha disponível dentro do horizonte delineado pelo mercado institucionalizado é aquela entre a coerção "dura" e a coerção "suave"; ao menos desde Kant, estamos dispostos a escrupulosamente distinguir ente a compulsão vinda "de fora" e a compulsão vinda "de dentro", e a avaliá-las diferentemente. Preferimos a coerção internalizada àquela que é brutalmente imposta pelo exterior, que chega à força física onde a doutrinação falhou. Nesse sentido, Parsons nos deu uma descrição da boa sociedade: uma descrição que podemos considerar realística porque não transcende o horizonte do presente, mas que descreve a sociedade como ela deveria ser, em vez de como ela é. A sociedade de Durkheim-Parsons é fundada inteiramente na coerção "suave"; é uma sociedade bem-sucedida, que, graças ao triunfo de seu poder moral, pode quase renunciar à sua força física. Essa sociedade pode ser vista como a projeção utópica do princípio do mercado liberal. Por essa razão – ao mesmo tempo que elimina as alternativas a esse princípio da lista de opções consideradas como factíveis e dignas de argumentação informada –, ela pode ter um papel central, atuando na direção da humanização de uma situação inumana aos seus limites acessíveis. É, portanto, "uma atitude reformadora dentro de uma atitude conservadora", imbuída e codificada em uma visão da realidade social que afirma a coerção como inevitável, mas as suas formas mais desagradáveis como supérfluas. Seu limite utópico pode ser realçado quando as pessoas enfrentam a mais feia alternativa, lutando pela atualização; daí a celebração do "durksonianismo" inspirado pela descoberta dos horrores nazistas e stalinistas; e a adoção do "durksonianismo" pelo movimento intelectual levemente crítico e levemente conservador no Leste Comunista.

A ciência da não liberdade

Uma versão do sistema durkheimiano, no entanto, arrasta a imanente crítica da "consciência coletiva" aos seus limites, trazendo à tona a opressão contida na própria forma "suave" da coerção. Foi apenas Goffman que atacou abertamente e rejeitou completamente o "modelo escolar" que sustenta a imagem da sociedade principalmente como uma instituição de ensino com um modesto traço de medidas corretivas – o modelo que Goffman ridiculariza na sua própria descrição:

> Se uma pessoa deseja manter uma imagem particular de si e depositar os seus sentimentos nela, ela deve trabalhar muito para obter os créditos que comprarão esse autoengrandecimento; se ela tentar obter seus fins por meios impróprios, enganando ou roubando, ela será punida, desqualificada da competição, ou ao menos será obrigada a começar tudo do princípio.

Pode-se facilmente distinguir, por trás dessa descrição, a visão nobre da sociedade como uma força moral, principalmente humanizadora, que tanto a poesia de Durkheim quanto a prosa de Parsons brilhantemente promoveram. No durksonianismo, a confiança mútua baseada na integridade e na honestidade é o "limiar" para o qual a sociedade se dirige e que todas as instituições tentam se esforçar ao máximo para conseguir. Se algo é suprimido no caminho, são os instintos animais e o egoísmo a-social de indivíduos que são traiçoeiros e indignos de confiança até que tenham passado por um tratamento social redentor. Sem a sociedade, os homens são rudes, cruéis e desonestos; graças ao poder coercitivo da "consciência coletiva" (ou conjunto de valores centrais), eles são transformados em seres morais.

Não é bem assim, diz Erving Goffman. Recém-saído da turbulência do macarthismo, Goffman apressou-se em articular a dramática descoberta de uma geração: o quão selvagem uma sociedade pode agir quando dominada pela devoção à sua missão moralizadora. Essa descoberta proporcionou a Goffman seu principal e talvez único motivo pelo qual ele insistiu obsessivamente em toda a sua obra. A nova experiência estava lá, pronta para ser traduzida em

A ciência da não liberdade

palavras. Mas Goffman, em sintonia com o hábito de longa data de fazer sociologia sem a história, fez mais que isso: ele elevou as descobertas intuitivas de uma geração para outro modelo geral de sociedade. O que foi feito por seres humanos remendando a sua história foi polido como uma outra face da "segunda natureza".

E assim aprendemos com Goffman que a liberdade que o ser humano pode possuir é obtida não graças à sociedade, mas apesar de sua vigilância intrusiva. A questão central na relação individual com a sociedade não é, como o durksonianismo nos faria acreditar, a imersão feliz e recompensadora, embora controlada pela sociedade, da pessoa nas águas refrescantes, purificadoras e humanizadoras dos ideais e fórmulas socialmente sustentados. Em vez disso, é a arte precária e arriscada de se render, ou fingir se render, a um mínimo de "deveres" sociais que seja humanamente possível, a fim de poder desfrutar de sua existência virtual e sempre solitária. A socialização, mais uma vez em forte oposição ao durksonianismo, é o preço pago em troca de uma emancipação improvisada da insuportável vigilância social, em vez da estrada real que conduz à existência plena e verdadeiramente humana. A sociedade e o indivíduo, longe de imitar o professor benevolente e seu aluno diligente, têm uma notável semelhança com negociantes mutuamente desconfiados, astutos e malévolos. Eles não iriam, porém, tão longe a ponto de aniquilar a outra parte ou retirar a sua propriedade; eles precisam dela tanto quanto procuram enganá-la e levar vantagem. Entrelaçados para sempre em sua ambígua relação de ódio-amor, eles ficarão muito felizes contentando-se em manter o outro lado a uma distância segura e estarão ansiosos para aceitar a promessa do outro lado de se comportar como "convém se comportar" como condição do armistício.

> Se a pessoa estiver disposta a sujeitar-se ao controle social informal – se ela está disposta a descobrir por meio de atalhos, olhares e outros sinais qual é seu lugar, e a mantê-lo – então não haverá objeção para mobiliar esse lugar a seu

modo, com todo o conforto, elegância, nobreza que o seu talento possa reunir...
A vida social é algo organizado, ordenado, porque a pessoa voluntariamente se
afasta dos lugares, tópicos e momentos em que não é desejada e onde poderia
ser desprezada se para lá fosse.[23]

E, desse modo, a sociedade ainda é a "dura realidade" que confronta o indivíduo com a teimosia e a impermeabilidade das coisas, embora seja também uma realidade constituída por um amontoado de convenções e desculpas, falsos pretextos e "mentiras inocentes", em vez de sublimes princípios éticos. A sociedade surge sob a caneta de Goffman como uma gigantesca farsa, remendada por uma multidão de decepções insignificantes e jogos de confiança. É um sistema pseudomoral no qual dezenas de indivíduos são atados juntos em uma cadeia de falsa devoção e dos atos de faz de conta. Todos ali fingem fazer algo que não fazem, nem desejam fazer. A sociedade é, portanto, colocada de volta no banco dos réus do qual o durksonianismo se esforçou para retirá-la. Ela é novamente reduzida à pura coerção, à negatividade *eo ipso*, a um conjunto de marcos fronteiriços, em vez de postes-guia, visando impor a vontade de desistir da ação em vez da vontade de agir. A regra da sociedade é sustentada pela conformidade massiva dos indivíduos – aqui não há afastamento do axioma do durksonianismo. Mas o que faz a sociedade funcionar é, na visão de Goffman, a multidão de seres humanos que simplesmente se mantêm obedientes no lugar onde foi declarado que pertencem, vestindo ansiosamente a máscara oferecida pela sociedade e, de vez em quando, emitindo os ruídos certos que indicam que eles adoram a máscara e não a trocariam por mais nada. "Talvez o principal princípio da ordem ritual não seja a justiça, mas a face." De fato, pouco restou do romance lírico da besta enobrecida ou do épico do monstro afetuoso tornado racional. O que resta da realidade social, o que o indivíduo ainda deve aprender e observar cuidadosamente, o que o indivíduo ainda está proibido

---

[23] Goffman, On Face Work, p.42-3.

de desafiar, o que se apresenta ao indivíduo como uma realidade inviolável, dura e "objetiva" – é um conjunto particular de regras que regulam a barganha pela face e pelas fronteiras do domínio privado. Estas regras referem-se à comunicação inter-humana, à forma na qual ela se faz significativa e eficaz, mas não para o conteúdo da mensagem. Não são as crenças, mas as regras do jogo que mantêm unida a ordem social goffmaniana.

O que se troca nos encontros humanos, que se combinam em um processo chamado "sociedade", são as impressões e não os bens. Os interlocutores dão pistas uns aos outros que ajudam o alter a localizar seu protagonista no mapa cognitivo. Ao que parece, o mais importante é a localização, em vez de outros benefícios mais tangíveis, que podem ser derivados da interação. Pode-se presumir (embora Goffman nunca o revele com tantas palavras) que o que os homens buscam é, acima de tudo, a certeza cognitiva e a segurança emocional que vem com ela. O inferno é o Outro, poderíamos dizer com Sartre; a própria presença do Outro faz o meu "quê" problemático, questiona a reconfortante obviedade, o "dado" da minha existência, e me compromete, entrega coisas que eu preferiria guardar para mim. A sensação de vigilância constante do Outro, de ser vigiado, espionado, avaliado, é uma fonte constante de medo. A sociedade nos ajuda: ela abre um enorme depósito de máscaras protetoras, disfarces, fantasias atrás das quais podemos nos esconder, tornando assim turvo o nosso próprio "quê", e impenetrável a um olhar indesejável. Da vastidão aberta da verdade e da autenticidade fugimos para a tenda segura do circo, onde todos fingem ser outros, todos sabem que os outros não são o que parecem ser, mas ninguém mais se importa com o que eles "realmente" são. Depois de vestir a máscara de palhaço, as pessoas estão determinadas a extrair o máximo de prazer possível da mímica. Se temos que jogar o jogo, vamos torná-lo grandioso.

E assim, o que o indivíduo oferece na interação são expressões. Dos dois tipos de expressão – a expressão que ele "dá" e a expressão que ele "emite" – o segundo, que "envolve uma ampla gama de ações que outros podem tratar como sintomática do agente, na expectativa de que a ação tenha sido realizada por outras razões que não a informação transmitida dessa maneira",[24] passou a desempenhar nos escritos de Goffman um papel cada vez mais central – como, na sua visão, na vida social como tal. Não basta ser X e comportar-se da maneira que as pessoas esperam que X se comporte; é preciso, além disso, convencer os outros de que ele realmente se comporta como um X, que ele "é" X. A segunda necessidade vem para ofuscar a primeira; parece que de fato elimina a primeira ou, pelo menos, ganha independência em relação a ela. A visão de que a segunda foi construída sobre o fundamento sólido da primeira (transmitir e disseminar tal visão é a própria intenção por trás da segunda categoria de expressões) reflete, novamente, pretensões falsas em vez de uma conexão necessária. De fato, destacar-se na primeira expressão não é condição suficiente para o sucesso geral; além do mais, não é sequer a condição necessária para tal sucesso. A exibição é uma arte separada em encontros sociais e talvez a única arte que mantém o delicado tecido social em equilíbrio. Como resultado, o que é chamado de "realidade social" parece ao indivíduo não apenas incontrolável, mas também impenetrável. Certamente, ele tenta perfurar as máscaras que cobrem os rostos de seus interlocutores no drama da vida – mas as simulações foram empilhadas sobre simulações e, assim como a fascinante descoberta de Peer Gynt, de Ibsen, não há "núcleo central" na cebola, apenas camada sobre camada, por mais conscientemente que você tente penetrar na "profundeza última". As imagens de Goffman destinam-se a explicar não apenas por que vivenciamos a "sociedade" como uma realidade, mas também por que essa realidade é turva e, no final, impermeável aos nossos olhos. Ficamos com a impressão de que a sociedade deve permanecer assim para sobreviver. O jogo da simulação é a essência de toda e

---

[24] Goffman, *The Presentation of Self in Everyday Life*, p.3.

qualquer relação social. O esforço para dissipar a névoa resultará, na melhor das hipóteses, numa cadeia interminável de aproximações, dificilmente conclusivas.

Para Durkheim, o indivíduo, para ser humano, deve abraçar a moralidade que a sociedade propõe e sustenta. Para Goffman, o indivíduo, para ser ele mesmo, deve defender-se contra a sociedade usando as ferramentas socialmente produzidas para disfarçar. A imagem da "segunda natureza" realizou então o círculo completo. Ela começou, no início dos tempos modernos, como um tecido de relações de poder legislado pelo homem, que pode ter, a princípio, violado as "leis da natureza". Por meio de uma verdadeira "negação da negação" dialética, ela emergiu, com Goffman, como um "dever" de que todos participam, gerando-o e mantendo-o vivo, mas dificilmente de forma deliberada, e até mesmo sem nunca lhe observar toda a estrutura. Agora é o indivíduo humano que estabelece os padrões da natureza humana. *In interiore homine habitat veritas*. A sociedade é novamente sentida como um colarinho muito apertado. Quando muito, tende a ofuscar e a confundir a verdade humana. Ela permanece entre o indivíduo e a sua verdade. Ela gera imoralidade e se alimenta de imoralidade. A sociedade é agora percebida como pura negatividade. Ela é algo contra o que o indivíduo tem que lutar durante toda a sua vida. Ele pode, como de fato faz, ajustar-se a essas condições de luta perpétua, mas o resultado do ajuste dificilmente é a "humanização" durksoniana. A sociedade está degradada; outrora o *locus* natural e logicamente indispensável da vida humana, ela foi reduzida a um ambiente inóspito e exigente.

A reviravolta na percepção da "segunda natureza", exemplificada por Goffman, pode ser alternativamente retratada como mais um ato de "descascar a cebola" da realidade social. A experiência de limitação foi atribuída no início a instituições políticas defeituosas. A descoberta de que a sociologia nasceu como "ciência da sociedade" consistiu em desvendar outra realidade, mais profunda e mais dura, sob o domínio da política; este foi concebido principalmente como material ideacional, mas de alguma forma sedimentado e endurecido a ponto de confrontar qualquer indivíduo ou grupo de indivíduos com a força das "coisas genuínas". A análise intensiva da textura desses sedimentos, bem como do processo de sedimentação, acabou por conduzir para além da camada de instituições sociais, na direção dos próprios indivíduos, que são a fonte última de todas e quaisquer instituições sociais e "realidade social". É a tentativa de descascar ainda mais a cebola da realidade social que tem sido proclamada um tanto pretensiosamente como a atual crise da sociologia.

A "segunda natureza" e o senso comum

A sociologia, como a conhecemos, nasceu da investigação do regular, do invariável, do ingovernável na condição humana. Em seus momentos mais zelosos e piedosos, tende a conceber a sua própria atividade em termos da cruzada da ciência contra "a noção mística de livre-arbítrio".[25] Em climas mais sóbrios e seculares, ela prontamente concede ao indivíduo suas idiossincrasias, mas declara-as cientificamente desinteressantes: o campo da investigação sociológica começa onde termina o singular, o irrepetível e o insubstituível. Não nega a liberdade humana; simplesmente a remove para além dos limites da investigação científica. Esta última só faz sentido quando se trata da não liberdade da uniformidade.

A sociologia, como a conhecemos, investiga as "condições" do normal, e as "causas" do anormal. "O normal" é, em seu significado intencional pré-predicativo, tudo o que é recorrente, repetível, rotineiro, que se espera que aconteça repetidamente dentro do território delineado pelo olho humano interessado. O anormal é, *eo ipso*, tudo o que não deveria ocorrer em dadas condições, mas ocorreu.

---

[25] Como demonstrou recentemente Barry Hindess, com uma paixão digna de um Skinner, em sua crítica a *Homo Sociologicus*, de Dahrendorf, *THES* (*Times Higher Educational Supplement*), n.143, 12 jul. 1974.

Nada é estranho em si. A estranheza de um fenômeno nunca é um atributo próprio – embora seja nisso que a figura de linguagem comum nos quer fazer acreditar. Percebemos um evento ou um objeto como estranho quando ele "se destaca" do fundo incolor e insípido da monotonia. Mas o pano de fundo, por sua vez, é produto de percepção seletiva; ele é o ato de semear sementes padrão que tornam outras flores em ervas daninhas. Faz pouco sentido, portanto, culpar os sociólogos por ignorar ou menosprezar o papel dos fatores individuais (por definição, irregulares). Essa "negligência" é tão "orgânica" para a atividade da sociologia quanto o seu interesse constitutivo pela natureza da realidade social; em certo sentido, um decorre do outro.

A notória dificuldade experimentada pelos sociólogos *bona fide* sempre que tentam dar conta do subjetivo, do espontâneo, do único (em seus próprios termos, e não em termos de sua marginalidade ou obsolescência, a partir de uma perspectiva de um todo suprassubjetivo) – é uma característica imanente da sociologia, que dificilmente será superada por dentro desse projeto intelectual. Todo o conhecimento sistematizado do processo da vida humana, incluindo a sociologia, é uma tentativa de emprestar inteligibilidade e coesão à experiência de senso comum desorganizada e discrepante; é uma elaboração sofisticada sobre o senso comum bruto, um refinamento teórico da matéria-prima do que é "diretamente dado". Esse conhecimento pode ser cético e crítico em relação às crenças ingênuas do senso comum – uma atitude da qual a sociologia estabelecida se orgulha. Mas a experiência do senso comum sempre permanecerá o *locus* em que as questões e os conceitos sociológicos são gestados – e o cordão umbilical que liga o conhecimento dos assuntos humanos ao senso comum nunca será cortado. O senso comum é o objeto final da exploração sociológica da mesma forma inescapável que a natureza é o objeto final da ciência natural. Mesmo a sua confiança despreocupada na "realidade objetiva" do social, a sociologia deve à experiência pré-predicativa da não liberdade, confirmada pelo senso comum. É esta experiência que fornece o definitivo e o único acompanhamento para a realidade social e, portanto, para a sociologia como uma atividade intelectual legítima com um objeto legítimo e "objetivo".

Entretanto, o problema com a evidência produzida pelo senso comum é o seu caráter equívoco. Ela não contém a informação sobre a determinação externa do destino humano e da conduta. Ao contrário, essa evidência, reconhecida como uma resistência teimosa e natural à vontade humana, só pode aparecer como o corolário de uma manifestação dessa vontade. A experiência da liberdade só é possível como uma sensação de domínio de uma força exterior, percebida como "real" por causa de sua resistência. Da mesma forma, o sentimento de não liberdade, denominado como percepção da realidade, manifesta-se apenas na forma de derrota de um projeto impulsionado pela vontade humana. Os aspectos da experiência que podem ser articulados, respectivamente, como liberdade e não liberdade, aparecem em conjunção ou não aparecem. O conhecimento da não liberdade (as restrições, a natureza, a realidade – toda essa família de conceitos, sem significado, a menos que sejam identificáveis à mesma fonte pré-predicativa) sem a intuição da liberdade é tão absurdo e, de fato, inconcebível, quanto é a experiência da liberdade desacompanhada do conhecimento de suas limitações potenciais ou reais.

Portanto, qualquer sistema de conhecimento (incluindo a sociologia) que descreva apenas a estrutura da não liberdade é uma explicação unilateral da experiência humana e necessita de construtos adicionais para excluir seus componentes não explicados.

Resta mostrar, desta vez em desacordo com o senso comum, que o que parece à experiência primitiva pré-predicativa um ato livre, decorrente do raciocínio e da escolha, é uma inevitabilidade oculta e invisível a olho nu. Muito do descaso expresso ao senso comum, inscrito no projeto de ciência, tem como fonte a alegada incapacidade da experiência não refinada para descobrir o necessário e a norma por trás da fachada do livre-arbítrio. Essa inaptidão do senso comum, sem ajuda para revelar a ordem severamente determinista do mundo e explicar as suas próprias causas ocultas, também fornece o material com o qual a distinção entre a "essência" e a "existência" foi forjada em última instância. A impressão geralmente dada, e muitas vezes deliberadamente aumentada, de que o conhecimento científico é um inimigo implacável do absurdo comum (embora, de fato, permaneça seu adjunto simbiótico) deve-se principalmente a essa circunstância. Espera-se que a ciência apenas "explique" como surge a necessidade do mundo externo – já experimentado ao modo da natureza; mas ela deve "provar", desafiando a experiência pré-científica, que o domínio da necessidade abrange a totalidade dos processos da vida humana. A segunda tarefa, naturalmente, exige muito mais esforço e, consequentemente, gera muito mais zelo. Ela é, portanto, a segunda linha da batalha onde se concentra a artilharia mais pesada da ciência e onde se lançam os mais ferozes bombardeios. A guerra é travada entre a "ordem real das coisas" e as aparências enganosas – a "noção mística do livre-arbítrio".

Ambas as tarefas resultam, certamente, da necessidade premente gerada de forma constante pela experiência vivida na experiência humana. Os homens vivenciam a resistência vinda de um domínio nebuloso diferente daquelas coisas impenetráveis, duras e tangíveis que eles livremente concebem como objetos. Como seria esperado, eles continuam perguntando como é possível que essa "alguma coisa", despojada de todos os atributos familiares dos objetos materiais, ainda assim se comporte como eles ao estabelecer limites ao movimento humano. A metáfora intuitiva requer comprovação inteligível, e o enigma liberta todo o poder imaginativo da teorização e da construção de modelos. Esta é a curiosidade cognitiva despertada pelo desconhecido e pelo incompreensível. Os conceitos produzidos em resposta têm a finalidade de trazer sentido, ordem, para a ininteligível experiência. A mensagem transmitida por esta experiência é clara; a sua estrutura, entretanto, não é.

A ciência da não liberdade

Mas a outra tarefa é sustentada não menos ansiosamente pelo processo da vida. A experiência do livre-arbítrio não é de forma alguma um sentimento agradável. Muito frequentemente, é psicologicamente insuportável em um mundo que se apresenta com um conjunto de oportunidades que podem, ou não, ser aproveitadas. Em um mundo como esse, o livre-arbítrio é vivenciado como um "fardo doloroso",[26] como uma "vertigem" que "ocorre quando a liberdade olha para baixo dentro de sua própria possibilidade".[27] Um homem não pode tolerar facilmente o conhecimento de que a sua difícil situação é de sua própria escolha, e seu fracasso é sua própria responsabilidade. Liberdade significa escolha, e a escolha é – se for real e relacionada às encruzilhadas genuínas e às opções que contam – uma agonia que os homens temem mais do que qualquer outra. Há um ar de irrevogabilidade para cada ato de escolha: para cada caminho escolhido, há muitos abandonados em definitivo. A escolha é, portanto, o portal através do qual a finalidade entra na existência humana aberta e esperançosa; a escolha é o ponto em que o passado inegociável se apodera do futuro acessível. A experiência da liberdade é, portanto, uma fonte inesgotável de medo. Se a experiência da natureza desperta curiosidade e energia criativa ("somente em nome de algo que não é minha própria criação eu posso usurpar a falta de criação"),[28] essa outra experiência gera um desejo sufocante de fuga. Não é o conhecimento, abrindo caminho para a ação livre, que é buscado, mas, ao contrário, uma autoridade poderosa contradizendo a evidência da experiência, expondo sua fragilidade e falta de confiança. O que se deseja acima de tudo é a remoção do peso da responsabilidade. O livre-arbítrio em si é um poço incomensurável de ansiedade. O livre-arbítrio, concebido como a única causa de restrição, da irrevogabilidade e da finalidade no destino humano, é um pesadelo.

---

[26] May, *Existential Psychology*, p.90.
[27] Kierkegaard, *The Concept of Dread*, p.55.
[28] Kołakowski, *Obecnosc Mitu*, p.29.

A ciência da não liberdade

Deus é gerado, portanto, nos dois polos da experiência humana. No "polo da realidade", como Aquele que configurou o relógio do mundo. No "polo do livre-arbítrio", como Aquele que predeterminou o destino humano e a conduta, ao mesmo tempo que recusou às criaturas humanas a capacidade de discernir o inevitável por trás do fantasma de suas decisões livres. No primeiro polo, Ele permanece apenas como um nome para o obviamente conhecido, e acrescenta pouco ao conteúdo da experiência humana. No segundo polo, porém, Ele é uma força estranha e poderosa, suprimindo e remodelando os dados da experiência. É aqui que Ele é particularmente desejado e intensamente admirado. Aqui, a sua presença não contém sua própria prova e requer toda a emoção e força da crença para criar raízes. De forma ingênua e intuitiva, os homens conhecem a sua responsabilidade, mas temem o conhecimento e desejam suprimi-lo. Se eles vivenciam a sua relação com o mundo como antagonismo, sentem-se muito mais à vontade se a peça em que atuam é encenada e dirigida por um diretor arrogante e prepotente. Talvez não seja a frustração em si, mas a consciência da própria culpa que induz a maior parte do sofrimento e é mais difícil de suportar.

A religião sempre construiu a sua força espiritual sobre esta necessidade essencial que nasce da confrontação do homem com o seu mundo. Os sacerdotes, em todas as suas vestes, sejam aquelas dos "formuladores religiosos" de Radin, sejam as dos "xamãs" de Eliade, sempre atuaram como mediadores entre o Diretor e o ator que Ele movimenta no palco sem divulgar as Suas intenções ou o desenlace do enredo. Cada ator conhecia apenas as suas poucas falas e só podia supor que a sua parte se encaixava de alguma forma, em algum lugar, nas partes dos outros membros do elenco e se combinava com elas em um todo significativo. Nenhuma prova conclusiva de que realmente o fez poderia derivar das falas que conhecia. No fundo de seu coração, uma suspeita terrível corroía a sua própria capacidade de participar do show: a vida era apenas uma sombra ambulante; era uma história contada por um idiota, cheia de som e fúria, sem significar nada... Mas admitir isso para si mesmo, articular esse medo intolerável, era recusar-se a agir, rejeitar a vida e escolher a morte. Era o trabalho dos sacerdotes garantir que a suspeita nunca viesse à tona; nisso eles cooperaram com a estrutura feita pelo homem do processo da vida, definida de forma a nunca dar a oportunidade para perguntas finais e escolhas definitivas. Os sacerdotes tiveram que montar um caso convincente para a existência do Diretor. E, então, eles tiveram que interpretar o Seu projeto, nunca desvendado pelo próprio Autor na presença dos não iniciados. Eles tinham que demonstrar o significado por trás do absurdo, o plano por trás da sequência aleatória de eventos desconexos, a lógica suprema espreitando através da cadeia interminável de derrotas pessoais. A crença de que não passamos de um fantoche nas mãos do controlador superior afasta a infelicidade da má sorte. É uma crença benigna e caridosa.

O seu antagonista é a doutrina do livre-arbítrio. É a ideia de livre-arbítrio, continuamente sugerido pela experiência cotidiana, que deve ser suprimida em primeiro lugar para que Deus alivie os homens da torturante realização de sua imensa tarefa. A tarefa terapêutica de Deus de reconciliar os homens com o seu destino não pode ser concluída enquanto o menor resquício da doutrina do livre-arbítrio permanecer na consciência humana. O pelagianismo foi, portanto, a mais traiçoeira e subversiva de todas as heresias com as quais a religião teve que lutar. A visão de Pelágio era de que a graça de Deus é uma recompensa pelo mérito humano, e não por sua condição. Essa visão poderia facilmente arruinar o sutil propósito terapêutico da Igreja: se fosse aceita, os homens teriam que lutar pela graça de Deus e culpar a si mesmos se ela não viesse – ou seja, passar por todas as agonias das quais procuravam escapar ao abraçar sua crença em Deus. Foi contra Pelágio, portanto, que Santo Agostinho lançou suas flechas mais venenosas. Ao fazê-lo, ele formulou a teoria original do desvio, que mais tarde seria retomada e reformulada pelo durksonianismo: a graça de Deus precede todo mérito e é a condição preliminar e necessária da virtude humana. Esta última é inconcebível sem a intervenção ativa de Deus. Se o homem se soltar, se ele desafiar o mandamento de Deus, se ele tentar se manter por si próprio – o pecado é o único resultado possível. Nenhum mérito aguarda o homem em seu caminho para a independência. A distância que ele adota em relação a Deus é a medida de seu desvio. Em meio às lembranças desmoronadas e decompostas da civilização mais grandiosa que a humanidade conheceu até hoje, com os terrores do grande Bárbaro Desconhecido do outro lado do portão, Agostinho evocou Deus como o último retiro de terreno firme em meio ao terremoto: "Com um aguilhão oculto tu me instaste, para que eu ficasse inquieto até o momento em que a visão de minha mente pudesse discernir-te com certeza".[29] O bem está em abraçar a Deus. Desde a sua queda, o livre-arbítrio do homem, se não for auxiliado por Deus, só pode levar ao pecado mórbido. É apenas a graça de Deus que preenche o recipiente vazio da vontade com o desejo de fazer o bem. Pode-se dizer, antecipando os futuros caprichos do antipelagianismo agostiniano: é a força poderosa "lá adiante" que faz do homem um ser moral. Para escapar das perversões que espreitam no deserto da vontade que se considera livre, o homem deve "colocar-se n'Aquele que o criou", ajustar-se à sua condição, abraçá-la com disposição e gratidão.

A sociedade durksoniana deificada herdará mais tarde esses potenciais redentores de Deus. A visão durksoniana assumirá o desprezo agostiniano pela carne pecaminosa e bestial, além da localização moralmente enobrecedora da reunião com Deus nas regiões mais elevadas do Espírito – o *situs* da crença, da confiança e da autorrestrição. A sociologia durksoniana assumirá a função tradicional do sacerdote: a interpretação da ordem supraindividual, modelando o inescrutável em inteligibilidade, impondo uma lógica férrea sobre eventos aleatórios aparentemente irracionais, dando significado

---

[29] Cf. *An Augustine Synthesis*, p.75.

ao destino humano, aparentemente sem sentido. Ao contrário de Nietzsche, Deus não está totalmente morto. A desmistificação da comunidade humana assumiu a forma de deificação das fontes comunitárias da não liberdade individual. O esforço perpétuo para satisfazer as necessidades cognitivas e emocionais fomentadas pela experiência cotidiana não parou. Não é provável que isso ocorra.

Qualquer que seja a veracidade dos modelos sociológicos e a confiabilidade de sua verificação, eles devem muito de sua credibilidade ao grau de inteligibilidade que conferem à experiência humana multifacetada e à extensão em que correspondem aos critérios de aceitabilidade fixados pelos anseios da experiência determinada. Em outras palavras, quanto maior a chance de um modelo sociológico ser absorvido pela sabedoria do senso comum e, com o tempo, de ser percebido como óbvio, mais forte será o argumento para a inevitabilidade que reside no ambiente de vida humana e mais alívio oferece à "vertigem da liberdade". As conceituações sociológicas dominantes da experiência pré-predicativa sempre se distinguiram por demonstrar o determinismo da ação humana e revelar o sentido oculto de fenômenos cuja sabedoria e utilidade não eram imediatamente aparentes.

Essa era, de fato, a tendência ubíqua no tipo predominante de sociologia, conforme exemplificado pelo durksonianismo. As queixas equivocadas levantadas contra o suposto conceito "supersocializado" do homem, proclamado por essa sociologia, eram mal orientadas, uma vez que o conceito de socialização não era uma descrição empírica do comportamento humano, mas um postulado analítico compatível com a graça de Deus e direcionado à mesma tarefa de tornar o destino humano inteligível e suportável; longe de ser um erro facilmente corrigido em benefício do paradigma dominante, esse tem sido seu atributo *sine qua non* e sua principal fonte de força. Nenhuma outra forma secular parece estar disponível para promover a ideia do caráter essencialmente determinado da conduta humana. Se a sociedade substituiu Deus no papel de fonte da necessidade, a socialização é um substituto natural para as fontes das ações humanas que são operadas por Deus.

A socialização é, de fato, um substituto quase integral. Ela atende de uma só vez os apelos cognitivos e emocionais pressionados por ambos os polos da experiência humana: liga um polo ao outro, criando uma situação na qual as fórmulas explicativas associadas a ambos confirmam e reforçam uma à outra. Para a pergunta cognitiva: "o que é semelhante à natureza no ambiente humano?", a resposta é: "as ideias morais socialmente apoiadas que confrontam você com a resistente realidade das coisas". Para a ansiedade emocional que surge da experiência da liberdade e da escolha, é dada uma resposta derivada e complementar à primeira: o livre-arbítrio é uma ilusão, na medida em que tudo o que você faz foi impulsionado pelas ideias que você absorveu do seu meio social; as mesmas ideias morais (culturais, normativas) que a sociedade tem inculcado em você desde o seu nascimento. É a sociedade, portanto, que simultaneamente faz de você o que você é e assume a responsabilidade por isso. A sociologia combateu a "ilusão do livre-arbítrio" com a obstinação e o zelo que a doutrina religiosa da providência manifestava anteriormente. O fato de a religião ter combatido o livre-arbítrio como uma heresia, enquanto a sociologia o tem combatido como uma noção "mística", isto é, uma noção não científica – não pode ocultar a impressionante afinidade de atitudes e projetos intelectuais.

Na sociologia fundamentalista, assim como na religião fundamentalista, o determinismo maior e mais nobre da conduta humana teve, entretanto, o tempo todo, um concorrente: um tipo diferente de determinismo, geralmente concebido como algo inferior, menos digno, melhor de ser eliminado, embora nunca totalmente eliminável. Essa característica de um determinismo dual ou das fontes duais de inevitabilidade no comportamento humano talvez deva novamente a sua persistência à experiência do senso comum, cuja evidência ela articula. Este é, no entanto, um aspecto diferente da experiência que reflete. Desta vez, não é a divisão essencial da experiência em

A ciência da não liberdade

restrições semelhantes à natureza e a intuição da livre-escolha, mas a percepção de atos como valorizados diferencialmente, divididos em recomendáveis e condenáveis, permitidos e proibidos por um poder superior – às vezes sentidos como situados "dentro", às vezes como vindos de fora do indivíduo atuante. Todo sistema é uma limitação, uma exclusão de algumas ocorrências em nome de outras – e os sistemas sociais, que delineiam a estrutura externa da vida humana, não são exceção a essa regra; portanto, a tendência maniqueísta na experiência intuitiva é bastante universal, colocando em todos os momentos um problema para as visões fundamentalistas de mundo. Para ser completa e coesa, tal visão de mundo deveria levar em conta o fato de que, apesar da presença de um poder superior (Deus, sociedade) e, em essência, benevolente (bom, humanizador), os atos que não podem ser tolerados e devem ser considerados negativos (pecado, desvio) ocorrem de forma mais ou menos permanente. As respostas a esse desafio ocuparam todo o *continuum*, desde a solução abertamente maniqueísta até aquela que se esforçou para se esquivar das tentações maniqueístas e que, no final, pôs em questão a onipotência do poder central. Como sabemos, a doutrina oficial da Igreja Cristã assumiu uma posição nitidamente antimaniqueísta. Aceitava-se, novamente desde a época de Santo Agostinho, que o mal é um fenômeno puramente negativo, e não outra "substância": o mal é a não possessão da graça e deriva da incapacidade da criatura humana pálida e imperfeita de alcançar o "dever" prescrito para ele na mente de Deus; a possibilidade de que Deus possa ser um pouco menos do que onipotente, ou – pior ainda – de que Ele possa ser uma fonte do mal tanto quanto a fonte do bem – era considerada inaceitável. Não é assim na sociologia. Suas soluções eram, em geral, semelhantes à tradição cristã, pois nunca permitiam que alguém duvidasse de que atos desviantes ocorrem apesar da tendência dominante da sociedade, e não como resultado dela. Em todos os outros aspectos, porém, a tradição sociológica era muito mais tolerante às ideias maniqueístas. Por um lado, a ocorrência de atos desviantes e, por definição, disruptivos, foi atribuída à imperfeição técnica dos muitos meios aplicados pela sociedade para manter seus membros sob controle – para a sociedade que não estava totalmente à altura da tarefa. Por outro lado, particularmente na tradição Adam Smith-Max Weber, os desvios do padrão "normal" patrocinado pela sociedade foram atribuídos à irracionalidade intrínseca ou residual da ação humana – e, em particular, às camadas emocionais e não intelectuais de personalidade humana. A incompatibilidade essencial do afetivo e do racional, da emoção e da razão, tem sido uma verdade inquestionável para praticamente todos os sociólogos; a superioridade da segunda sobre a primeira tem sido, de fato, um dado adquirido, embora os termos em que foi articulada variem. Essa superioridade foi organizada tanto por Comte quanto por Weber ao longo de linhas históricas – o sistema racional substituindo aquele fundado na afeição – e foi assim projetada como o eixo do progresso social. Os sociólogos no seu conjunto, em geral, estão do lado da prática social que tendem a denegrir, condenam e suprimem as disposições definidas como "biológicas", derivadas da infraestrutura animal humana e em oposição àquelas socialmente inspiradas e legitimadas. Eles, portanto, postulam a sua própria fórmula de objetividade na busca da verdade como a tendência histórica do mundo humano como tal. Esse tema é encontrado além da entusiástica acolhida dada por Comte à futura era industrial, essa era positiva apenas equivalente a uma ciência igualmente positiva dos assuntos humanos. Pode-se encontrar o mesmo tema, embora apresentado de maneira bastante refinada, no diagnóstico de Weber sobre a tendência à sociedade legal-racional. É esta sociedade, na qual os homens são cada vez mais induzidos a agir de acordo com as regras da racionalidade instrumental, que dá a última sanção à plausibilidade de uma ciência social objetiva: tipos ideais postulando o comportamento de um ator racional, em dadas circunstâncias, aproximarão de forma estreita a conduta real em condições em que outras bases da ação social e, sobretudo, tradicionais e afetivas, recuam para as margens da vida social.

A ciência da não liberdade

O triunfo final do conhecimento objetivo sobre o emocional, o subjetivo, o pré-social, é paralelo à tendência histórica para a institucionalização de objetivações racionais de padrões de comportamento socialmente selecionados. A negligência dos sociólogos em relação aos aspectos não racionais da experiência humana é cada vez mais justificada pela eliminação consistente de tais aspectos, ou pela diminuição de sua importância social, como resultado do próprio desenvolvimento social.

Esse raciocínio ajusta-se bem a outra tendência da sociologia – isto é, a busca do significado de que as ocorrências derivam de sua relação com o todo da sociedade, e não das intenções dos atores. Kingsley Davis estava correto, em certo sentido, ao declarar um "método funcional" separado como um mito, e ao proclamar o conceito de função como constitutivo da sociologia como um todo. É verdade que pensar em termos de "função" tem sido muito mais difundido de forma mais consistente do que qualquer escola particular que se identificasse com tal uso. Tendo assumido de uma vez por todas que é a sociedade que define as condições da vida humana, que molda a "natureza" humana, os sociólogos puderam, sem mais argumentos, descrever o significado de um evento social recorrente ou único, o seu papel na sustentação e perpetuação desta mesma atividade da sociedade. É o cálculo da função, portanto, mais do que o cálculo lógico comum, que decide o significado dos costumes e ritos, instituições e usos. Não é mais a razão individual dos *philosophes*, mas a razão impessoal e invisível da sociedade que decide se um fenômeno social faz sentido ou não. O que parece ser absurdo e desprezível para a razão individual, pode ainda ser claramente "lógico" do ponto de vista mais amplo e objetivo da sociedade, a partir do qual sua função se torna evidente. Se a razão dos *philosophes* era protestante em espírito – cada indivíduo lê a Bíblia, cada um tem o direito de interpretar seu significado –, os sociólogos seguiram a linha perseguida pela estratégia católica de comunicação com Deus mediada por sacerdotes profissionais, que são os únicos em sua capacidade e seu direito de descobrir o significado e o sentido ocultos nos desígnios supostamente inescrutáveis de Deus.

A grande conquista de uma sociologia que se desenvolveu como a ciência da não liberdade foi a unidade de sua ontologia, metodologia e função cognitiva. O domínio em que a sociologia manteve com sucesso a imaginação humana é fortalecido pelo fato de que ela é "baseada nessas objetivações da realidade que empreendemos diariamente", que ela "apenas estende o procedimento cotidiano de objetivação da realidade", como Habermas observou de forma pertinente.[30] Esse domínio é alimentado pela experiência pré-predicativa do processo vital como essencialmente não livre, e da liberdade como um estado gerador de medo, e, adequadamente, fornece saídas cognitivas e emocionais apropriadas para ambas as intuições. Apenas reforça a intuição da não liberdade e a supremacia da condição externa sobre os desejos individuais. Isso torna essa não liberdade menos intolerável ao postular sua sabedoria e coerência inerentes. Ele auxilia o indivíduo em seu esforço espontâneo de se livrar da liberdade de escolha excessiva (e, portanto, dominada pela ansiedade), seja postulando essa liberdade como ilusão ou advertindo-o de que tal liberdade é apoiada pela razão que foi delimitada e definida de antemão pela sociedade, cujo poder de julgamento ele não pode desafiar; não apenas por sua força superior, mas simplesmente porque a distinção entre a razão e a não razão é sinônimo da divisão entre a sociedade e o não social, isto é, a vida animal.

A sociologia, portanto, como ciência da não liberdade, responde ao apelo do indivíduo perplexo, buscando na sua própria experiência o significado que a torne aceitável. A sociologia aplaca a experiência atormentada e confusa pela incompatibilidade da liberdade individual com a atualidade do processo vital, e não da escolha do indivíduo. Ela salva o indivíduo dos tormentos da indecisão e da responsabilidade que ele não suporta devido à sua fraqueza,

---

[30] Habermas, *Theory and Practice*, p.8.

A ciência da não liberdade

cortando agudamente o conjunto de opções aceitáveis até atingir o tamanho de seu potencial "real". Entretanto, o preço que ela paga por desempenhar esse papel benigno e caritativo é o seu impacto essencialmente conservador sobre a sociedade a quem ajuda as pessoas a explicar e a compreender.

Tornou-se crescentemente popular, sobretudo nos meios politicamente motivados, acusar a sociologia estabelecida de uma vulgar "distorção da verdade", de unir-se com os poderosos no louvor à sua ordem e no seu esforço para convencer os oprimidos e os enganados de sua virtude intrínseca. Os críticos que desejam expor o papel genuíno da sociologia na luta de grupos com as suas ideias tendem a olhar, aparentemente, na direção errada. Eles parecem identificar a função ideológica partidária com a propaganda favorável às qualidades superiores de um tipo específico de sistema social; assim, assumem que seu caso será provado se puderem mostrar que os sociólogos, embora pretendam ser imparciais e objetivos, de fato carregam atitudes fortemente dotadas de valores partidários em suas alegadas descrições não partidárias. Daí que a análise do papel cultural da sociologia frequentemente toma a forma de uma singular "caça ao valor". O jogo que os caçadores procuram é a prova de que a sociologia é uma "ideologia burguesa", ou, implicitamente, a sociologia exalta as virtudes de uma sociedade burguesa e inspira, ou procura inspirar, a simpatia popular por seus atributos.

Os caçadores estão em uma trilha falsa. Um forte argumento tem sido repetidamente colocado em favor do "valor da liberdade", que a sociologia tem conseguido, ou procura conseguir, com certo sucesso. Comte protestou contra o "pensamento metafísico", que exagerava "ridiculamente a influência da mente individual sobe o curso dos eventos humanos", e apelou para que fosse dada à natureza do homem "um caráter solene de autoridade que deve sempre ser respeitado por uma legislação racional"[31] – os sociólogos concordam

---

[31] Comte, From the Positive Philosophy, p.40-1.

com ele. Enquanto essa realidade observável se mantiver no alto, acima do nível das insuficientes capacidades individuais, a verdade dos sociólogos permanecerá no alto, acima das verdades parciais e truncadas dos indivíduos ou grupos de indivíduos. A sociologia não contém mais valores partidários do que aqueles que a realidade que ela descreve tem incorporado e petrificado. Mas os sociólogos tomam uma decisão definitiva: permanecer inteiramente no terreno dessa realidade, não transcendê-la, reconhecer como válida e digna de conhecimento apenas a informação que pode ser checada contra essa realidade imediata. As alternativas que essa realidade torna não realistas, não prováveis, fantásticas, a sociologia prontamente declara utópicas e sem interesse para a ciência. Nisso, e talvez apenas nisso, reside o papel intrinsicamente conservador da sociologia como a ciência da não liberdade. A sociologia age na suposição de que a realidade social é regular e sujeita às uniformidades recorrentes e monótonas; ao fazer essa suposição, ela coloca a realidade social tão conforme quanto possível a essa descrição. Ao colocá-la dessa forma, os sociólogos perpetuam a crença mais no caráter "natural" do que no caráter histórico dos arranjos sociais. Em outras palavras, não é verdade que os sociólogos tomam atitudes no sentido de dar apoio e exaltar as virtudes burguesas; inadvertidamente, eles podem dar esse apoio se a realidade que eles "naturalizam" institucionaliza essas virtudes; mas então isso ocorreria igualmente se outros princípios fossem objeto de institucionalização.

A posição da "techne" (em oposição às apostas de jogos, aos atos aleatórios etc.) pode ser aplicada apenas a objetos que são essencialmente constantes em seu comportamento e, portanto, predizíveis. Daí que colocar o mundo social como natureza, sujeito a uma ciclicidade repetível descrita como lei, é uma necessidade para o conhecimento que tenciona servir os interesses técnicos dos homens. E a sociologia, como a conhecemos, deseja servir a tais interesses. Se as instituições humanas devem ser tratadas como objetos de manipulação tecnologicamente informada, então elas devem ser vistas como unidades obedientes à lei da realidade seme-

A ciência da não liberdade

lhante à natureza. De toda forma, elas só interessam à sociologia na medida em que se ajustam a esse modelo. Como Bernard Berelson disse uma vez com franqueza: "O objetivo final é entender, explicar e prever o comportamento humano no mesmo sentido em que os cientistas entendem, explicam e preveem o comportamento de forças físicas ou entidades biológicas ou, como algo mais próximo de nós, o comportamento de bens e preços no mercado econômico".[32] É natural que tal fim seja visto e retratado como imparcial e livre de compromissos terrenos à parte do desejo humano universal de conhecer para agir. Dentro dos limites de uma determinada sociedade, qualquer conhecimento que tal fim possa gerar é, em certo sentido, imparcial. Não há nada, de fato, no conhecimento em si mesmo (embora haja muito nas condições sociais circundantes) que predetermine a sua utilização exclusiva por uma parte da sociedade, e não por outra. O viés intrínseco de tal conhecimento reside em outro lugar – em sua obstinada (embora prudente, considerando seus objetivos) recusa em transcender o horizonte fixado apenas pelos pré-requisitos do interesse técnico. Mas isso dificilmente pode ser usado contra o conhecimento que francamente concede o seu compromisso à disposição técnico-instrumental. Para estar em paz consigo mesma, para permanecer fiel ao seu compromisso e entregar os produtos que prometeu, a sociologia deve resistir resolutamente à tentação de ir além dos limites da realidade imediata – o único objeto de uma ação tecnicamente sólida e eficaz. George Lundberg, o mais declarado intérprete do programa da sociologia positiva, poderia de fato ficar justamente indignado quando confrontado com exigências (ou acusações) de que a sociologia deveria ser (ou é) um esforço politicamente comprometido:

> Sou contrário a fazer da ciência a cauda de qualquer papagaio político [...] Tenho enfatizado que os cientistas políticos são indispensáveis a qualquer regi-

---

[32] Berelson, Introduction to the Behavioural Sciences, p.2.

me político. Seria melhor que os cientistas sociais trabalhassem para um *status* correspondente [...] As ciências sociais do futuro não pretenderão ditar aos homens o fim da existência ou os ideais da aspiração. Elas apenas mapearão as alternativas possíveis, as consequências de cada uma e a técnica mais eficiente para chegar a qualquer fim que o homem de tempos em tempos considere valer a pena perseguir. Nenhum regime pode se dar bem sem isso.[33]

Para ser justo, uma sociologia *wertfrei*, livre de valores, evitaria a questão incômoda da responsabilidade social dos cientistas, assim como é ser *wertfrei* para os cientistas naturais, como eles são para a satisfação de todos. Mas a questão é que o fato de os seres humanos serem objetos que a sociologia ajuda a manipular não coloca o tema da responsabilidade e do compromisso sob uma luz qualitativamente diferente.

De fato, o ponto de Lundberg é quase trivialmente verdadeiro. Nenhum abismo ideológico entre os programas parece ter muita relevância (apesar das estranhas variações históricas) para o seu interesse uniformemente agudo – às vezes não reconhecido, mas sempre "objetivamente" presente – no tipo de disposição técnica exposta de forma tão convincente no programa de Lundberg. Não há dúvida de que este programa é realmente "neutro" em termos de divisões ideológicas, isto é, em termos daqueles modelos específicos de organização social que os virtuais ou futuros gerentes de processos sociais gostariam que as pessoas amassem ou, ao menos, promulgassem e perpetuassem por meio de seu comportamento organizado. Tal compromisso partidário que pode ser sensatamente imputado a este programa é de uma natureza totalmente diferente e atravessa campos políticos existentes (assim como possíveis, concebíveis).

Logicamente, a ciência social pode influenciar o comportamento humano – desempenhar a função de "engenharia" – de duas maneiras diferentes. Se a "engenharia" consiste, por definição, na modelagem ou remodelagem de um objeto por fatores externos a

---

[33] Lundberg, The Future of the Social Sciences.

ele e projetados sem a sua participação, então a distinção entre os dois é determinada pela própria estrutura da ação humana, como tem sido apresentado esquematicamente:

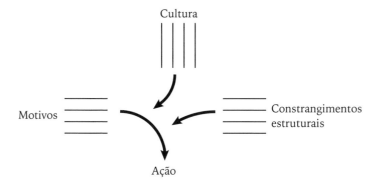

Admitindo que os motivos do indivíduo permanecem (ao menos se processados culturalmente) além do alcance dos fatores com os quais a ciência social propriamente se ocupa (esses motivos podem ser afetados diretamente por remédios, cirurgia cerebral etc.), ainda restam duas aberturas através das quais uma influência externa pode penetrar no curso da ação e modificá-la. A primeira é, de forma geral, a abertura "cultural". Ela transporta aquelas suposições cognitivas e os preceitos normativos que o indivíduo emprega para avaliar a situação que ele enfrenta e para selecionar o curso da ação "correto" (ou seja, recomendável em um de seus muitos sentidos, como o afetivo ou o moralmente elevado). Os motivos do indivíduo processados por tais fatores culturais e aplicados no sentido de avaliar o valor relativo de diferentes cursos de ação é, de fato, o sentido do conceito amplamente utilizado de "definição da situação". Os fatores que entram na ação por meio da abertura cultural são destinados precisamente à definição da situação. Ao fornecer ao agente novas informações sobre o ambiente, sobre ele mesmo e sobre as suas relações recíprocas, com o conhecimento de novas formas de agir ou com a imagem de possíveis fins da ação, esses fatores podem

A ciência da não liberdade

levar o ator a mudar a sua visão da situação e as suas eventuais consequências, ou, ao contrário, podem reforçar a sua adesão à definição anterior. Por exemplo, ao expor os vínculos íntimos entre os limites da gratificação individual e da liberdade de ação, por um lado, e as redes sociais de poder e riqueza (normalmente invisíveis a olho nu) por outro, a tolerância privada do sofrimento individual e da frustração pode ser transplantada de um mecanismo intelectual de "privação do consumidor" para um mecanismo de "exploração de classe". Assim, a ação subsequente pode ser redirecionada do contexto industrial, orientado para o comércio, para o contexto total, inserido na sociedade. Ou, conectando os diversos componentes dos esforços e realizações individuais em uma unidade comunitária, denominada nação, a tendência de considerar a nação como o principal objeto de lealdade, juntamente com a propensão resultante ao comportamento etnocêntrico, pode ser fortalecida.

Os fatores "culturais" apelam, portanto, para a consciência individual. Eles tendem a ampliar a visão individual, a indicar horizontes novos e insuspeitos a partir dos quais é possível revisar e avaliar a experiência "bruta" individual. Para serem aceitos e, portanto, efetivamente remodelarem a conduta do indivíduo, eles devem corresponder, de certo modo, à demanda individual: devem ser percebidos como adequados à experiência pessoal até então acumulada e sedimentada nas memórias privada e de grupo do indivíduo. Essa aceitação (ou, nesse caso, rejeição) está sujeita às regras da lógica (embora não necessariamente à verdade da mensagem, uma vez que são regras da lógica formal). Eles são provavelmente adotados se "fizerem sentido", isto é, se tornarem significativo e inteligível o conhecimento disponível da situação individual e emprestarem coerência aparente às miscelâneas diversas da experiência anterior do indivíduo. A probabilidade de sua aceitação aumentará ainda mais se, além disso, eles conseguirem apontar uma maneira confiável de resolver uma tarefa percebida como desagradável ou estabilizar uma situação sentida como satisfatória. A sua rejeição, por outro lado, de

A ciência da não liberdade

forma alguma será inevitável, a menos que eles pareçam grosseiramente contradizer o conhecimento previamente acumulado e sustentado pela experiência. Para concluir, os fatores culturais podem direcionar e redirecionar a ação humana, oferecendo novas perspectivas (fornecendo novos conhecimentos factuais) ou "despertando a consciência" (fornecendo novos valores). Em ambos os casos, eles ampliam o leque de escolhas cognitiva e moralmente acessíveis ao indivíduo. Consequentemente, eles ampliam a liberdade de ação do indivíduo.

Ora, qualquer volume de experiência individual e/ou grupal permite mais de uma interpretação significativa. A "adequação" é, em primeiro lugar, uma questão de grau; em segundo lugar, dificilmente pode ser determinada de forma conclusiva, a menos que seja submetida a um teste prático. Pode haver, portanto, mais de um mecanismo intelectual, que torne a experiência inteligível e que, assim, tenha probabilidade de aceitação. E a aceitação ou rejeição é, em geral, uma questão de competição e teste prático. No processo, são revelados esses aspectos da interação entre experiência, fórmulas culturais e ação que foram, de várias maneiras, subsumidos sob o nome de ideologia. Qualquer que seja a definição do termo "ideologia", ele se refere a um fenômeno cuja essência não é nem uma relação distorcida entre uma mensagem e a "realidade" que ela pretende retratar, nem uma atitude partidária e não científica que supostamente impele alguma ação por parte do autor.

A atribuição do termo "ideológico" refere-se, de fato, ao modo específico como as ideias em questão – aquelas que afetam as definições individuais da situação – são adotadas ou rejeitadas como interpretações da realidade e guias de ação. Seu aparente partidarismo e incapacidade endêmica de atender as rigorosas estipulações do *consensus omnii* resultam não tanto de suas falhas intrínsecas e defeitos formais, mas da persistente diversidade da situação e experiência individual e grupal, que, em última instância, detém a chave para a práxis social.

A presença simultânea de várias fórmulas culturais concorrentes, aliada à impossibilidade de avaliar antecipadamente a sua adequação em termos de múltiplas experiências individuais e grupais – para determinar a sua possível aplicação – resulta na "engenharia cultural", que adquire a forma de um discurso contínuo, no qual as trocas verbais se alternam com testes práticos. A assimilação da fórmula cultural requer a postura ativa da pessoa ou grupo cuja definição da situação deve ser reformulada. No processo de esclarecimento, a iniciativa talvez esteja distribuída de forma desigual, mas, à medida que o processo se desenvolve, a distinção entre os sujeitos e os objetos da ação tende a se confundir. A influência cultural estimula a atividade do ator, tanto teórica quanto praticamente; coloca o ator em uma situação de escolha ativa, forçando-o a reanalisar sua própria conduta e a sua relação com o cenário social em que ocorre. As novas fórmulas culturais e alternativas permitem ao ator assumir uma postura distanciada em relação à sua própria atividade, abordá-la como um objeto que pode ser examinado objetivamente e avaliado de forma confiável. Colocar o ator fora de sua própria rotina de vida pode libertá-lo das algemas do hábito, irremovíveis enquanto não houver reflexão sobre elas. Em suma, influenciar a ação humana através do processo de esclarecimento, através do discurso cultural, equivale à atuação de um agente de liberdade.

Ao contrário do constituinte cultural da ação humana, a estrutura "objetiva" da situação do ator, geralmente apresentada como "constrangimentos estruturais", tem pouco a dizer sobre os fins e os significados da práxis do indivíduo ou do grupo; seu único papel no mecanismo geral da ação consiste em estabelecer os limites últimos à "sensibilidade" do ator – em classificar as ações possíveis em realistas e abortivas. Ela decidirá quais cursos de ação, dentre os que o indivíduo ou o grupo podem seguir, têm chance de sucesso e quais estão, desde o início, fora de questão. Em outras palavras, os constrangimentos estruturais definem os limites da liberdade individual ou grupal. O campo da liberdade pode ser vasto ou estreito, dependendo do grau de estruturação da situação. Teoricamente, é possível reduzi-lo o suficiente para tornar a busca de um fim específico tão improvável quanto exigido em um caso específico, seja porque um indivíduo racional hesitaria diante de um esforço reconhecidamente irrealista, seja porque tal esforço, mesmo que, por falta de informação ou entendimento relevante ele o fizesse, não o levaria a lugar algum. Essa notável qualidade dos constrangimentos estruturais pode ser, em princípio, explorada por qualquer pessoa que queira que um indivíduo ou um grupo tome ou abandone um determinado curso de ação. Desta vez, porém, a influência será exercida diretamente na estrutura da situação e não em sua definição (ou seja, no cenário externo em que os contos de ação acontecem, e não na consciência dos atores). A eficácia de tal influência não dependerá da disposição de aceitar o fim como verdadeiro ou moralmente justificado; ela certamente não inclui um discurso e elimina a possibilidade de troca de papéis entre os participantes do processo. Pelo contrário, assume a permanente desigualdade de *status* e a divisão entre o sujeito e o objeto de influência. Portanto, o conhecimento que o agente de influência emprega é eficaz ou ineficaz, independentemente da experiência dos objetos humanos cuja conduta está prestes a moldar. Essa experiência é, portanto, irrelevante e pode ser desconsiderada no processo de verificação (ou falsificação) do conhecimento em questão; e – na medida em que tais condições existam – aqueles objetos humanos podem de fato ser considerados como "coisas", não diferentes dos objetos manipulados com a ajuda das ciências naturais. Nesse sentido, a insistência de Lundberg no caráter não ideológico do conhecimento que ele se propõe a perseguir é bem justificada. O manejo técnico-instrumental de objetos humanos é, de fato, um fundamento sobre o qual uma ciência empírico-analítica autêntica dos eventos humanos pode ser erguida com segurança.

A aplicação prática da ciência defendida por Lundberg pode ser descrita como uma situação-definida por manipulação, distinta da situação discutida anteriormente de tipo manipulável por meio da situação. Para exemplificar o tipo de engenharia lundbergiana, consideremos uma situação típica reduzida à forma diádica mais simples. Neste caso, o esquema de influência assumirá a seguinte forma:

i. A é confrontado com as alternativas de ação X e Y;
ii. B deseja que A tome a ação X;
iii. B pode usar recursos disponíveis para aumentar as recompensas ligadas a X ou para maximizar as punições ligadas a Y;
iv. Seguindo o ponto iii, agora A está mais propensa que antes a tomar a ação X.

Se todos esses eventos acontecerem, podemos dizer que B de fato "manipulou" a ação de A, com a importante observação de que, na situação descrita acima, o que está sendo "manipulado" é a probabilidade de uma ação específica, e não a própria ação. Por imensos que sejam os recursos de B, ele nunca obterá domínio completo sobre a conduta de A, no sentido de excluir todas as alternativas possíveis. A definição da situação de A é uma ligação irremovível na corrente de eventos levando à decisão final. Ainda assim, podemos ficar próximos de uma situação praticamente indistinguível da "inevitabilidade", se B tiver sucesso em elevar suficientemente o preço das alternativas. B faz isso por manipulação direta dos constrangimentos estruturais que delimitam a liberdade da escolha e da ação de A.

Portanto, A foi um objeto indireto da ação de B, sendo a situação de A o objeto direto da ação. O conhecimento que B requereu para colocar A no tipo de movimento que ele desejava é a informação da probabilidade estatística de uma ação específica ser aumentada ou diminuída, dependendo do rearranjo dos elementos da situação do ator. Se as imagens e definições fornecidas pela sociologia de tipo durksoniano – destinadas sobretudo a satisfazer a necessidade de inteligibilidade – só podem exercer seu papel técnico-instrumental através da consciência dos atores, o tipo de conhecimento que serve ao segundo tipo de manipulação foi desenvolvido nas chamadas "ciências comportamentais". Para obter tal conhecimento, é preciso organizar, nas palavras de Burhus Frederic Skinner, um "pouco de comportamento repetível" em uma "cadeia causal que consiste em três elos: 1. uma operação realizada no organismo de fora – por exemplo, privação de água; 2. uma condição interna – por exemplo, sede fisiológica ou psíquica e 3. um tipo de comportamento – por exemplo, beber". O segundo elo é, no entanto, "inútil no controle do comportamento, a menos que possamos manipulá-lo".[34] Podemos, portanto, desprezar esse elo, assim como desprezamos a "noção misteriosa do livre-arbítrio", como um elemento que em nada contribuirá com nossos resultados. Analiticamente, argumenta-se, o comportamento humano não apresenta problemas essencialmente diferentes daqueles encontrados, digamos, na exploração da conduta de uma mosca; e quanto ao último, "se ninguém calculou a órbita de uma mosca, é apenas porque ninguém se interessou suficientemente por fazê-lo". Bem, ainda há uma diferença: todo o conhecimento, se disponível para todos, pode, no caso dos humanos (mas não no caso das moscas), transformar-se em uma profecia autodestrutiva. A esta objeção, Skinner resolutamente reage: "Pode ter havido razões práticas pelas quais os resultados da sondagem em questão não poderiam ser retidos até depois da eleição, mas este não seria o caso em um esforço puramente científico".[35] O tipo de interesses técnico-instrumentais subjacentes a que as ciências comportamentais aspiram servir não tem utilidade para a consciência de atores controlados. Se isso aparece em argumentos relacionados, é apenas no papel de uma inconveniência que seria melhor descartar inteiramente.

Portanto, o conhecimento buscado no caso acima, quando efetivamente aplicado, pode ser mantido distante dos indivíduos ou

---

[34] Skinner, The Scheme of Behaviour Explanation, p.44.
[35] Idem, Is a Science of Human Behaviour Possible?, p.24-5.

grupos cujo comportamento está prestes a influenciar. Longe de ser um mero expediente técnico, este é um traço integrante do conhecimento em questão. Ele só pode polarizar os homens naqueles que pensam e agem, e aqueles que são influenciados em sujeitos e objetos da ação. Não é verdade que tal conhecimento desconsidere toda a consciência, valores, fins – isto é, tudo que é "subjetivo". São apenas as motivações, preferências, normas e crenças dos objetos de controle através do reforço que tal conhecimento expulsa para o campo do que é irrelevante. Naturalmente, não há intenção de se comunicar com elas ou, de fato, reformar; nenhuma questão de conhecimento como diálogo pode sequer ser colocada no universo do discurso definido pelo programa das ciências comportamentais. Nesse sentido, o produto das ciências comportamentais é, de fato, ideologicamente neutro da mesma forma que a burocracia, cuja vantagem ela emprega para perceber o mundo como manipulável sem se comprometer com nenhum fim específico de manipulação – e, assim, colocar a manipulação como um problema técnico.

Mas esse instrumento técnico do conhecimento comportamental estaria disponível para todos que desejarem empregá-lo para o avanço dos fins que prezam? Skinner, certamente, tem consciência do problema: "É verdade que podemos ganhar controle sobre o comportamento na medida em que podemos controlar os fatores responsáveis por ele. O que um estudo científico faz é permitir que façamos o melhor uso do controle que nós possuímos". Aqui, obviamente "nós" tem relação com pessoas que já estão no controle dos recursos necessários para a aplicação das descobertas comportamentais. O tipo de conhecimento que as ciências comportamentais pretendem fornecer não interfere na distribuição existente dos recursos; se for o caso, terá um efeito de "afunilamento", enfatizando e polarizando ainda mais as desigualdades presentes. "Nós", portanto, ao invés de universalizar o *status* humano em relação aos benefícios que a ciência pode oferecer, divide os homens ainda mais nitidamente em dois grupos altamente desiguais. As maravilhas da "tecnologia neutra"

A ciência da não liberdade

provavelmente serão mais úteis para um diretor de prisão do que para um prisioneiro, para um comandante militar do que para um soldado raso, para um gerente geral do que para um escriturário, para um líder partidário do que para um filiado. O tipo de manipulação que é fornecido pelas ciências comportamentais é, portanto, comprometido e partidário desde o início (embora não da forma ideológica usual), no sentido de reforçar a divisão já existente entre os sujeitos e os objetos da ação, os controladores e os controlados, os superiores e os subordinados – e tornar a sua eliminação ainda mais difícil do que seria de outra maneira.

No entanto, não se deve descartar levianamente, o impacto de esclarecimento ainda exercido, embora inadvertidamente, pelas ciências comportamentais. A imagem dos homens e o mecanismo de sua ação propagada por essas ciências pode induzir a tendência de perceber o mundo como um conjunto de objetos manipuláveis, e o processo da vida como um conjunto de problemas técnicos e não de questões que, para serem resolvidas, requerem comunicação e discurso. O anseio por sabedoria e significado degenerará então em uma demanda por instrução técnica do tipo "faça você mesmo", e o problema da vida significativa será reformulado na questão de como "conquistar amigos e influenciar pessoas" e, de outra forma, enganar seus próprios irmãos.

Dos dois tipos de sociologia que agem programaticamente como a ciência da não liberdade, um tipo, portanto, tende a reforçar as duras realidades com as quais o segundo tende a induzir os homens a se reconciliar. Cada um, a seu modo, desempenha na cultura um papel essencialmente conservador. Cada um tende a suprimir, à sua maneira, formas alternativas de existência social e a identificar a situação historicamente criada, seja conceitualmente ou na prática, com a realidade semelhante à natureza.

Entretanto, por mais que essa sociologia possa servir à perpetuação da vida cotidiana, informando a rotina diária comum (em seu papel de manipulação-por-meio-da-definição) e aumentando a eficiência da rede de poder (em seu papel de manipulação-por-meio-da-situação), sua incapacidade de dar conta da experiência persistente da liberdade humana e de ajudar na promoção dessa liberdade engendra, repetidas vezes, a dissensão e a revolta.

2
A crítica da sociologia

A revolução husserliana

Como vimos, é a experiência do senso comum, trivial, que confere plausibilidade à explicação sociológica da existência humana. É graças a esse suporte poderoso e ubíquo que a sociologia pode negligenciar a tarefa de testar e provar a legitimidade de sua própria atividade. A sua legitimidade é dada como certa, assumida como corroborada pelo fluxo da experiência cotidiana: é apenas a maneira de mantê-la assim – ou seja, o problema técnico da exatidão e da precisão no cumprimento da tarefa cuja validade é inquestionável – que continua problemática.

E assim, os sociólogos raramente olham para as fundações do suntuoso edifício que erguem e adornam apenas a partir do andar térreo para cima. De fato, a atitude assumida pela sociologia em relação à sua própria origem definitiva é notavelmente reminiscente dessa mistura peculiar de reticências embaraçosas e de desdém neuroticamente ostensivo com que um "novo rico" de origem humilde frequentemente trata seus antepassados. Oficialmente, a sociologia é a crítica do senso comum. Na realidade, essa crítica nunca vai tão longe quanto os fundamentos, e nunca traz à luz os pressupostos compartilhados que dão significado ao senso comum e à sociologia. Talvez seja precisamente por causa desse parentesco próximo e íntimo que a sociologia nunca possa se colocar fora do senso comum a uma distância suficientemente grande para que essas premissas tácitas se tornem visíveis. De modo pragmático, um passo tão longo fora do campo seguro seria evidentemente imprudente. Questionar a confiabilidade da evidência ontológica fornecida pelo senso comum certamente significaria um terremoto, que poderia destruir com facilidade todo o edifício da ciência da não liberdade. Mesmo uma reflexão ingênua e filosoficamente não refinada sobre a validade da experiência do senso comum revela quanta segurança emocional e autojustificação residem em uma fundação tão frágil.

Como afirma Robert Heilbroner:

> Para a pessoa comum, criada na tradição do empirismo ocidental, os objetos físicos geralmente parecem existir "por si mesmos" no tempo e no espaço, aparecendo como aglomerados díspares de dados sensíveis. Da mesma forma, os objetos sociais aparecem para a maioria de nós como coisas [...] Todas essas categorias de realidade muitas vezes se apresentam à nossa consciência como existindo por si mesmas, com limites definidos que as distinguem de outros aspectos do universo social. Por mais abstratos que sejam, eles tendem a ser concebidos de forma tão distinta quanto se fossem objetos a serem apanhados e revirados na mão.[36]

Como no parágrafo citado, mesmo o início do minucioso exame revela duas coisas que a sociologia normalmente reluta em discutir. Em primeiro lugar, o nosso conhecimento ontológico da "objetividade" das categorias da realidade é, em última instância, baseado no fato de que elas aparecem para a pessoa comum como tal, e essa aparência nunca é ingênua e pura, mas resultado de um complexo processo de treinamento. Em segundo lugar, a suposta obviedade inabalável da objetividade é, de fato, constantemente produzida e reproduzida por um processo intrinsecamente tautológico. As pre-

---

[36] Heilbroner, Through the Marxian Maze.

missas ontológicas do empirismo derivam a sua prova de percepções do senso comum que fornecem tal prova apenas porque elas mesmas foram treinadas para o propósito pelas suposições que deveriam validar.

É desse processo circular de falsa validação que Husserl e a fenomenologia pretendiam libertar o nosso conhecimento. Eles viram o caminho para essa emancipação na crítica aos pressupostos do senso comum tolerados, em vez de conscientemente aceitos. Tendo concebido o processo de conhecimento como um campo fechado em si mesmo, hermeticamente fechado, que é posto em movimento (e, consequentemente, capaz de ser reformado) por si mesmo, Husserl identificou a tarefa de restaurar o conhecimento humano a uma base sólida e inabalável com a tarefa de purificar a experiência nuclear de combinações inadmissíveis e estranhas. O primeiro elemento a ser separado e expurgado foi precisamente o pressuposto tácito da existência, sobre a qual a crença na validade do exercício sociológico foi construída (assim como de muitos outros exercícios semelhantes).

O projeto de Husserl era a ressurreição de uma velha preocupação dos filósofos, e não a colocação de uma questão anteriormente não formulada. Seu impacto impressionante deveu-se ao fato de que Husserl reafirmou, pública e vigorosamente, ideias não presentes no cotidiano em uma época em que o empirismo estava muito bem estabelecido para se preocupar em reivindicar a veracidade de suas afirmações. Potencialmente, no entanto, elas permaneciam como parte integrante da tradição filosófica ocidental muito antes de Husserl recuperá-las do canto remoto do depósito intelectual, para trazê-las de volta ao foco da análise filosófica. De fato, tais ideias eram correntes desde os primórdios da tradição filosófica ocidental nas obras de Platão e Aristóteles. Foi Platão quem questionou, mais de dois mil anos antes de Husserl, a solidez desse conhecimento que pode derivar da "mera" existência de um fenômeno; a verdade real reside em ideias atemporais e pode ser buscada por introspecção, por demanda não mediada pelo necessário. Da mesma forma, ele atribuiu à existência de objetos um *status* um tanto inferior e, acima de tudo, instável, mutável e acidental: segue daí que o conhecimento genuíno não poderia repousar sobre uma base tão instável e móvel. Quanto a Aristóteles, ele separou cuidadosamente a essência da existência, como uma categoria em si mesma e – o mais importante de tudo – autônoma em relação à existência. A informação que "alguma coisa" é, lança pouca luz sobre a questão "o que" é. A existência é acidental para a essência e, portanto, não a ilumina; por outro lado, a existência não está incluída e, portanto, não pode ser derivada da essência das coisas. Este último motivo, em particular, foi mais tarde amplamente discutido por Avicena, e foi através de seus trabalhos que recebeu a atenção da moderna filosofia europeia, bem como foi absorvido por ela. Com o advento de uma ciência casada com interesses técnico-instrumentais, isso contribuiu para o abandono gradual das "essências" como o terreno árido no qual nenhuma formação útil com importância técnica poderia florescer.

O dilema entre essência-existência sempre chamou a atenção dos filósofos no contexto epistemológico. Sua importância derivou da centralidade da questão "como sabemos o que pensamos saber?" ou, mais especificamente, "como podemos ter certeza da verdade de nosso conhecimento?". A grande conquista da ciência moderna consiste precisamente no fato de ter conseguido tornar suas atividades cotidianas e a utilidade de seus resultados independentes de qualquer resposta que se pudesse dar a essas questões, expulsando assim as próprias questões para além dos limites de seu próprio sistema autossustentado. Apenas quando uma ciência enfrenta uma crise ontológica tais questões tornam-se novamente um elo integral em sua lógica comprovadora. No entanto, uma vez que essas questões não têm pontos de comunicação com as práticas cotidianas comuns da ciência, é altamente improvável que sejam impostas aos cientistas pela lógica de sua própria investigação. Se vierem a ocorrer, virão de regiões normalmente consideradas externas à ciência – novamente uma ocorrência altamente improvável em vista da autonomia institucionalizada da comunidade científica. As chamadas ciências sociais, com certeza, constituem uma exceção a essa regra: por causa de seu amplo público leigo e de sua decisão de selecionar a experiência acessível ao senso comum como seu objeto, elas nunca conseguem sujeitar seu objeto à sua regra exclusiva, ou fortalecer a sua autonomia pelos meios ordinários do elitismo profissional mantido por autosseleção. Seja qual for a razão, as ciências sociais são as únicas organicamente incapazes de se depurar definitivamente da questão epistemológica. Ao contrário das ciências naturais, suas descobertas positivas e seu significado absoluto dependem diretamente da postura adotada em relação a esse problema central. Por mais que tentem, as ciências sociais não conseguem separar as questões epistemológicas do objeto que escolhem investigar. Ou seja, é dessas questões que depende, em última instância, a confiabilidade da existência "obviamente dada" dos objetos sociais.

A esta pergunta, Santo Agostinho deu uma resposta virtualmente platônica, que mais tarde foi transformada por Husserl na pedra angular de sua filosofia: *"Tu, que queres conhecer, sabes que és? Eu sei. De onde sabes? Eu não sei... Sabes que pensas? Eu sei. Portanto, é verdade que pensas. É verdade."*[37] Nenhuma certeza de existência é dada ao pensamento humano com tanta obviedade que torne redundante o questionamento adicional – além da certeza do próprio pensamento. O fato de pensar é a única realidade indubitável dada tão claramente que não requer nenhuma prova. Mais de doze séculos depois, Descartes dará o passo ousado que Santo Agostinho prudentemente evitou: no famoso *cogito ergo sum*, ele sugerirá que a existência real do sujeito pensante, além do fato de pensar, é dada diretamente pela experiência não mediada: portanto, a questão de saber se pelo menos um objeto – o *substratum* do meu pensamento – existe é respondida conclusivamente pelo próprio ato de pensar. Desta forma o

---

[37] Extraído de Leff, *Medieval Thought*, p.39.

sujeito pensante valida simultaneamente a essência e a existência. Podem-se extrair informações confiáveis sobre ambos da mesma fonte e em virtude do mesmo ato. Este foi, de fato, um afastamento ousado e fatídico da tradição filosófica anterior originada pelo antigo sábio. O que Descartes de fato sugeriu foi que a existência é tão necessária e autoimpositiva quanto a verdade da essência. Isso pode ter desempenhado um importante papel estimulador na época em que as ciências nascentes tinham que ser cuidadosas com seus guardiães clericais – mas os fragmentos da alegada reconciliação eram algo que não podia ser escondido por muito tempo dos olhos do filósofo. Depois de Descartes, assim como antes dele, os filósofos continuaram a se dividir entre aqueles que aviltavam as introspecções intelectuais em favor de impressões sensoriais e aqueles que – fiéis a Platão – podiam apenas deplorar a falta de confiabilidade do "empirismo rasteiro".

Moses Hess foi talvez o primeiro a declarar abertamente a fraude da majestosa lógica do *cogito*. Ele enfatizou que Descartes não tinha qualquer direito, apenas com base na obviedade, de saltar da consciência do pensamento para o suposto da *substantia cogitans*, e daí para a realidade das relações causais, supostamente garantidas pela mesma imediatez. A metáfora de Hess foi a de uma criança olhando para um espelho e acreditando que deveria haver outro objeto por trás de sua imagem; a criança espia ansiosamente por trás do espelho, apenas para descobrir, para a sua perplexidade, uma superfície escura impenetrável aos seus olhos. A conclusão é assustadora: ou conseguimos substanciar nosso conhecimento pelo próprio ato de pensar, ou ele repousará para sempre sobre areias movediças. Husserl, de certa forma, retomou esta tarefa onde Hess, tendo-a esboçado de forma insuficiente, a abandonou.

Husserl não se contentaria com nada menos do que estabelecer, sem sombra de dúvida, as condições em que podemos obter e possuir um conhecimento necessário, isto é, independente da existência contingente; essencial, no sentido de mostrar o que as coisas

A crítica da sociologia

realmente são, e não a forma na qual elas aparecem; e objetivo, no sentido de ser independente de qualquer significado arbitrário que um sujeito psicológico, objetificável, possa desejar dar a ele. Para atingir tal propósito, Husserl propôs acabar com os milênios de separação entre a ontologia e a epistemologia: as duas questões, que constituíam duas disciplinas filosóficas, podem ser respondidas juntas ou não. As questões "como eu sei?" e "o que são as coisas?" são, de fato, uma questão injusta e enganosamente dividida em duas. O único conhecimento que posso possuir é precisamente o conhecimento sobre o que são as coisas.

Conhecer é o conhecimento da essência, dos atributos inseparáveis das coisas. E conhecer é a única maneira pela qual as essências "existem". "Ser" é *Bewusstsein* – ser conhecido; *cogito* e *cogitatum*, *noesis* e *noema*, são de fato conceitos que tentam captar o mesmo ato de consciência, embora por ângulos diferentes. *Noema* refere-se ao ato de *noesis* encarado do ponto de vista dos seus resultados; mas *noesis* refere-se ao *noema* visto como seu modo de ser, de *Bewusstsein*. A única existência das coisas que conhecemos com certeza, claramente e sem dúvida, é precisamente a "doação de sentido" como essência – o tipo de conhecimento-existência implacavelmente negado ou negligenciado pelo empirismo que se concentrou nas aparências contingentes. Significado, essência, *Bewusstsein* são criados e mantidos juntos no único ato que é dado de forma direta, óbvia, e sem mediação: o ato da consciência intencional. Os conceitos de sujeito e objeto, que a filosofia dominante nos ensinou a empregar para descrever nosso mundo e nosso modo de estar nele, são apenas abstrações que ossificam aspectos arbitrariamente isolados do *Bewusstsein* virtual.

Mas a verdade necessária, essencial e objetiva é escondida da nossa introspecção pela "atitude natural" – a maneira descuidada e ingênua de contemplar o mundo, na qual os objetos aparecem para nós como simplesmente estando presentes "lá adiante", independentemente de *noesis*. A atitude natural é, com certeza, pouco "natural"; é um produto complexo de uma multiplicidade de suposições e informações não controladas que são tidas como certas e nunca verificadas. Não se pode embarcar na espinhosa estrada para a verdade sem primeiro "perder" este mundo inflamado de falsas aparências e crenças enganosas. A primeira coisa a ser deixada para trás são todas as informações que possuímos ou julgamos possuir sobre a "existência" das coisas. Não que as coisas não existam "lá adiante"; mas que a sua existência ou a inexistência é simplesmente irrelevante para a busca da verdade, e a sua existência objetivada "lá adiante", de um modo diferente de *Bewusstsein*, não pode acrescentar nada à sua essência.

Daí toda a série de "reduções transcendentais", que devem ser realizadas a fim de tornar a *noese* pura, não contaminada por misturas externas, acessível à nossa introspecção. A série começa por "afastar" ou "suspender" a questão da existência. Nós simplesmente impedimos que todas as considerações sobre a existência das coisas entrem em nosso raciocínio. Mas há também outras reduções, e uma delas é a "redução monádica" – aquela que visa purificar a consciência de todas as influências da cultura, que compartilha com a existência a sua aparência contingente e não essencial. No final do longo processo de redução, uma subjetividade pura emerge, completamente purificada de todas as suposições enganosas que se referem à suposta existência "óbvia". Um dos muitos pressupostos que foi reduzido e deixado para trás no processo é a noção dos psicólogos de consciência individual, considerada como um "objeto" além, que pode ser objetivamente explorado "de fora" e devidamente descrito em uma linguagem objetivada. Assim, o sedimento deixado no fundo da solução, do qual todos os corpos estranhos foram cuidadosamente destilados, não é a psique individual, mas a "subjetividade transcendental", que tem pouco em comum com a *substantia cogitans* cartesiana. Ele é acionado pela intencionalidade, em vez da causalidade. Por um ato da redução múltipla, ele foi tornado impermeável a vínculos causais com o mundo, descritível em termos de relações entre objetos.

A crítica da sociologia

Há várias maneiras pelas quais a crítica da sociologia pode se inspirar na revolução filosófica husserliana. Todos elas, com certeza, estão relacionadas à reavaliação husserliana das realidades, e não às suas descobertas específicas e às soluções propostas. A primeira é a restauração husserliana da subjetividade ao *status* de um objeto válido de conhecimento – na verdade, o único válido. Pode-se agora invocar a autoridade de Husserl para contestar os extremismos behavioristas. A segunda e mais importante, é o significado peculiarmente ativo que Husserl, seguindo Brentano, vinculou à sua noção de subjetividade: é uma entidade caracterizada acima de tudo por sua intencionalidade, o único elemento ativo capaz de gerar significados e, de fato, criar as próprias coisas em sua única modalidade confiável de *Bewusstsein*. Esses críticos, cansados do hábito constrangedor dos sociólogos de objetivar significados, de atribuí--los a entidades supraindividuais como a sociedade ou a cultura, e de focalizar a atenção nos meios pelos quais esses significados são trazidos de fora para dentro da mente individual, poderão saudar com alívio uma filosofia respeitável que oferece sua autoridade em apoio à reversão da exploração. Agora pode-se começar a partir do indivíduo como a origem básica de seu mundo, enquanto desfruta da sensação intelectualmente estimulante de que esta decisão traz a emancipação de pressupostos *a priori* indesejáveis, isto é, a libertação genuína do senso comum – aquele critério perpétuo do sucesso do empreendimento científico declarado. A terceira, o tratamento husserliano do significado fornece os meios procurados para conferir radicalidade e coesão aos princípios metodológicos da hermenêutica. O significado (*meinung*) não é apenas um derivado da "intenção" (*meinen*) em vez de um atributo dos objetos, mas também fornece todas as informações confiáveis sobre as coisas que se pode razoavelmente esperar. O significado não é algo que, por princípio, possa e deva ser comparado com as coisas "como elas são", e que seja, portanto, imanentemente limitado por aquele tipo mórbido de subjetividade cuja presença nas cogitações científicas exige constante

A crítica da sociologia

desculpa. Pelo contrário, o significado é simultaneamente a única fonte e o único sentido de *Bewusstsein* – a única existência que pode ser legítima e sensatamente discutida por qualquer corpo que deseje apreender o verdadeiro conhecimento das coisas. A quarta, podemos observar, está na emancipação da validade (*Geltung*) do significado do processo real de pensamento, a saída das muitas armadilhas metodológicas com as quais a exploração tradicional de significados parecia estar inextricavelmente associada. De acordo com Husserl, é apenas a existência que depende do pensamento real de que tratam os psicólogos; não o significado em si, situado na subjetividade transcendente. Portanto, pode-se, legitimamente, explorar os significados sem incorrer na ira dos puristas metodológicos que condenaram justamente os exercícios introspectivos por sua forte dependência das idiossincrasias pessoais do pesquisador individual. O significado não é uma entidade localizada exclusivamente na mente de um indivíduo empírico, mas algo transcendental a cada consciência individual e, portanto, acessível a todos. A exploração do significado pode agora ser realizada sem mediação: o domínio empírico, sujeito às técnicas intersubjetivas de observações científicas, não precisa ser adentrado em nenhum de seus estágios. Os problemas incômodos da verificação intersubjetiva que surgem imediatamente, sempre que (mas somente quando) tal transgressão ocorre, podem, portanto, ser felizmente evitados. Pelo simples expediente de declarar o "referente objetivo" irrelevante para a questão da validade do significado, afasta-se a própria possibilidade de questionar a legitimidade de sua exploração. As definições essenciais da fenomenologia cercam o seu território com uma densa linha de torres e fossos que tornam invulnerável a sua fortaleza metodológica. Pode-se, de fato, concordar com Fink ou Scheler, que não se pode entender a fenomenologia sem ser um fenomenólogo, e que uma vez tendo se tornado um fenomenólogo, pode-se ver com equanimidade as invasões vindas de fora: elas estão fadadas a enfraquecer no momento em que irrompem na fortaleza. Mesmo a objeção óbvia de que vários

A crítica da sociologia

fenomenólogos, empregando fielmente o mesmo método de redução, podem chegar (como de fato chegam) a intuições de significado amplamente diferentes, só faz sentido dentro da atividade organizada por noções de "verdade objetiva", ou "ser como realmente é em si mesmo": uma atividade à qual Husserl nega explicitamente qualquer coisa que se aproxime de uma autoridade última, concedendo-lhe, na melhor das hipóteses, apenas um *status* parcial e derivado. A diversidade de intuições significa que, talvez, a prática das reduções esteja um tanto aquém da perfeição – mas dificilmente prejudica a validade do método como tal. Por assim dizer, Husserl nunca atribuiu a atividade de dar significado a um sujeito conhecedor; os sujeitos conhecedores apenas tentam – algumas vezes sem sucesso – penetrar, refletir sobre os significados que já são "dados" pela subjetividade transcendental, da mesma forma que costumavam ser dados pelo Deus escolástico.

Praticamente, todos esses aspectos do projeto husserliano podem inspirar um tipo de pesquisa em que as técnicas tradicionalmente identificadas com a atividade empírica são relegadas a um *status* algo subordinado. Em vez de fornecer diretamente a informação procurada sobre a "realidade", esses aspectos serão tratados agora apenas como um minério bruto do qual o metal real deve ser fundido. Na atividade empírica, a cadeia de raciocínio foi invertida. Husserl sugeriu a aplicação da redução múltipla para revelar a "subjetividade transcendente" enterrada sob numerosas camadas de abstrações objetivadas. Na pesquisa empírica que o apelo de Husserl pode gerar, a presença oculta da subjetividade transcendental é dada como certa e se pergunta como, de fato, essa presença torna possível o discurso humano. Que essa subjetividade transcendental (ou qualquer outro nome usado para denotá-la) já está lá e operante, não é algo a ser demonstrado. Ela é tomada como comprovada por Husserl e, portanto, empregada como um dispositivo organizador de dados, analítico, mesmo que não seja articulado e, de fato, inefável.

Tenho tratado até aqui da inspiração que pode derivar do programa de Husserl, em vez da filosofia de Husserl como um fundamento sobre o qual pode-se montar um sistema de conhecimento sociológico. A decisão foi deliberada. Embora haja poucos limites imanentes para interpretações inspiradas, apesar de livres, erguer uma sociologia sobre os fundamentos de Husserl apresenta dificuldades às quais ninguém, até o presente, ofereceu uma solução impecável. A sociologia, é verdade, tem sido um nome familiar para um conjunto distinto de imagens e atividades que, às vezes, mal se comunicam entre si. No entanto, mesmo em desacordo umas com as outras, essas imagens e atividades têm sido reconhecidas como "sociológicas", por causa de sua referência comum ao espaço que se estende "entre" os indivíduos humanos. Para ser classificada como sociológica, uma imagem ou atividade tem que se relacionar com o fenômeno da interação humana. Este ato de autodefinição transcende as mais veementes discordâncias entre as escolas, normalmente evoluindo em torno do método pelo qual este fenômeno deve ser abordado e da forma como ele deve ser conceituado. Quanto mais se deseja permanecer fiel aos princípios da fenomenologia husserliana, porém, mais difícil se torna a tarefa de entrar nesse campo, central como ele é para os interesses especificamente sociológicos.

De fato, como se dar conta do espaço "entre" indivíduos sem antes ter "libertado" a questão existencial previamente suspensa? E tal "libertação" não cancelará as vantagens que a redução transcendental pode oferecer? Essas questões são indiscutivelmente o obstáculo sobre o qual a investigação fenomenológica tentou até agora passar sem sucesso e, possivelmente, sem esperança de ter sucesso. A subjetividade transcendental, o objeto central da exploração fenomenológica, é de fato uma entidade extraindividual, mas tem tanto em comum com o espaço de interação entre os indivíduos quanto a consciência do tipo husserliano tem com a consciência dos psicólogos ou da filosofia empírica britânica – ou seja, absolutamente nada. A subjetividade transcendental não é uma entidade sobre a

A crítica da sociologia

qual se pode agir, gerada pela ação humana, orientada ou modificada por uma finalidade; em suma, não é um objeto-realidade. No mínimo, precede, majestosamente imperturbável e imutável, toda a ação objetivável. Para alcançá-la (e alcançá-la é precisamente do que trata a fenomenologia), é preciso comprometer-se com muitas coisas, das quais uma das mais cruciais é o "afastamento" do campo em que o conhecimento sociológico foi constituído.

É verdade que, ao menos no estágio posterior de sua obra, Husserl estava fortemente consciente dessa grande fraqueza de seu sistema – a que o tornou "incomunicável" com as questões mais vitais que surgiam da sociologia e dos estudos culturais. Também é verdade que ele fez o possível para corrigi-lo. Pode-se argumentar, no entanto, que ele não entendeu a natureza da inevitável queixa sociológica. Ele fez quase nada para demonstrar a relevância da redução transcendental para o tipo de problema que a sociologia, a ciência cujo objeto é a interação humana, deve enfrentar. Em vez disso, ele tentou mostrar (sacrificando muito de sua pureza inicial, severa e intransigente) que, com a redução transcendental realizada com sucesso, ainda se pode legitimar a ideia de outro ser humano e, para ir mais além, de um grupo humano.

Dessa forma, Husserl concebeu o problema como a necessidade de demonstrar uma passagem legítima da subjetividade transcendental para uma "inter"-subjetividade transcendental. Em termos husserlianos, tal demonstração só seria válida se fosse possível mostrar que essa intersubjetividade se dá de forma direta, ingênua, pré-predicativa no *Lebenswelt* – a única fonte de conhecimento, nossa vida tal como a vivemos cotidianamente e como nós a experimentamos antes de qualquer experiência teórica. O que quer que faça parte do *Lebenswelt* é dado como um modo de *Empfindnis* – "estar na ponta dos meus dedos"; aberta, aqui e agora; acessível sem a mediação de construções teóricas que são produzidas pela ciência que luta para se libertar de *Lebenswelt* e, portanto, ocultando timi-

A crítica da sociologia

damente a sua origem e abrindo as cortinas de conceitos abstratos entre o homem e o mundo em que ele já vive. Podem outras subjetividades ser derivadas diretamente deste *Lebenswelt*, sem invocar os dados "existenciais" oferecidos pela ciência? Pode ser mostrado que outras subjetividades são de fato dadas neste modo pré-predicativo singular de *Empfindnis*?

O que se segue é tão engenhoso quanto pouco convincente.[38] Um número de experiências relevantes é dado ingenuamente: a experiência do meu corpo (*Körper*); a experiência da minha alma; a experiência de sua unidade (ou seja, a experiência de que meu *Körper* é um *Leib*, ou seja, um corpo vivo, animado, uma entidade ativa); a experiência da presença de outros *Körper*, que se encaixam na descrição do meu corpo conhecido por mim como *Leib* – eu vejo que estão vivos, movem-se, fazem gestos etc. Além disso, no momento, eles estão exatamente onde eu estava um momento antes. É uma situação, Husserl destaca, similar à da memória: eu me lembro de um momento atrás, e eu vivencio minha memória de mim mesmo simultaneamente à minha experiência de mim mesmo agora – mas essa simultaneidade, sendo o fundamento de minha experiência ingênua de comunidade comigo mesmo, a qual transcende o tempo, ainda não consegue ofuscar a distinção entre o passado e o presente. O mesmo se aplica à comunidade com os outros: *Ichliche Gemeinschaft mit mir selbst als Parallele zur Gemeinschaft mit Anderen.*

A experiência de comunidade com os outros só é possível porque concebo o Outro como uma modificação intencional de mim mesmo. Esta é uma característica única do Outro; nenhuma outra coisa é constituída da mesma maneira. É apenas o Outro, em contraste com as coisas comuns, que – embora sendo representado como uma pessoa empírica – é representado da mesma forma como

---

[38] Para a tentativa desesperada de Husserl em demonstrar a compatibilidade da fenomenologia com o problema sociológico, ver o excelente estudo de René Toulemont, *L'Essence de la societé selon Husserl.*

uma subjetividade transcendental. Portanto, estendo para o outro um vínculo intencional semelhante a uma comunidade; e o vínculo – aí vem a maior surpresa – é recíproco.

Este é, de fato, o mais frágil de todos os pilares que sustentam a ponte laboriosamente construída que pretende ligar a fenomenologia à sociologia. O raciocínio elegante realizado até agora foi inspirado fenomenologicamente, e não sociologicamente. Ele foi construído para mostrar que alguém pode permanecer um fenomenólogo *bona fide* e ainda isentar "os outros" da *epoché*. Até aqui, tudo bem: a alegoria mnemônica é um recurso aceitável em argumentos filosóficos desse tipo. Então, porém, de repente, a reciprocidade brota de algum lugar, mas certamente não da mesma linha de argumentação. Até aqui, havia sido apenas a "minha" atividade intelectual que levou ao *Bewusstsein* do outro; mas agora o outro começa a agir. Ele pode (mas possivelmente não pode) retribuir a minha oferta de comunidade. A subjetividade transcendental tem sido inevitavelmente presente desde o início, teimosamente lá, mesmo que oculta. A intersubjetividade, no entanto, é constituída de forma totalmente diferente, sujeita à negociação e talvez à controvérsia entre mais de um sujeito autônomo. Como Ervin Laszlo apontou de forma convincente, o próprio conceito de "intersubjetividade" é "ou insolúvel ou espúrio" e, portanto, "ilegítimo": Laszlo argumenta que existem dois tipos de discurso nitidamente diferentes – o realista, ao qual o conceito de "inter" pertence, e o conceito de cético, do qual a "subjetividade" é uma parte.

> O tipo de significado atribuído a "inter" pressupõe várias entidades e, portanto, o realismo até certo ponto e de alguma forma. Por outro lado, a "subjetividade", se tomada por seu valor aparente, significa que, no que diz respeito a qualquer sujeito, existem apenas conteúdos objetivos da experiência, e não necessariamente "outros" como ele mesmo. Assim, "inter" pressupõe os muitos, e "subjetividade" conota apenas um.[39]

---

[39] Laszlo, *Beyond Scepticism and Realism*, p.222.

A crítica da sociologia

O ceticismo radical, do qual a fenomenologia se orgulha, e que considera justamente seu principal crédito de distinção e glória, dificilmente pode gerar "outros" como algo mais do que conteúdos de experiência. Como agentes autônomos "como eu mesmo", outros podem ser substanciados apenas se um argumento "do ser" – que a fenomenologia enfaticamente rejeitou – for restaurado em seus próprios direitos.

Mas não é a elegância filosófica do argumento que nos interessa aqui. Temos acompanhado Husserl na esperança de encontrar um fundamento para sustentar uma crítica convincente da sociologia. Nós não encontramos. Husserl tem pouco a oferecer no sentido de expor os erros originais da "ciência da não liberdade", preocupado que está em mostrar que é possível purificar a consciência sociológica sem renunciar à fé fenomenológica. Esse desejo de respeitabilidade sociológica é tão avassalador que o instiga a campos em que poucos sociólogos ousariam entrar sem um forte embaraço. Como vimos, Husserl legitimou a intersubjetividade ao postular um vínculo intencional recíproco entre a subjetividade e seus conteúdos. Apesar de duvidoso, é apenas o primeiro passo para sociologizar – que, admite-se, não é a habilidade mais forte de Husserl. E assim aprendemos que o *Kulturwelt* criado pela intersubjetividade (um homólogo do *Umwelt*, gerado pela subjetividade), tem, novamente por analogia, todas as faculdades constitutivas da subjetividade e, assim, gera a "natureza espaço-temporal da humanidade". Seu produto final é a *Gemeingeist*, uma cópia exata da *mentalité collective* e os conjuntos de valores centrais, cuidadosamente datilografados desta vez em uma suposta máquina de escrever fenomenológica. A *Gemeingeist* sedimenta-se na forma de cultura, que se manifesta na "unidade de fins e ação" – a mais proeminente e distinta característica da comunidade ética, a contraparte, novamente por analogia, da personalidade ética. E, finalmente, – este é o fracasso final da fenomenologia como uma tentativa abortada de crítica da sociologia – a sociedade pode ser concebida, sem violar os princípios fenomenológicos, como uma personalidade sintética. Para prová-lo, Husserl invoca os fantasmas de Spencers, Novikovs, Lilienfields: assim como um único corpo é feito de células, a sociedade é feita de personalidades (sic!).

> *Die Gemeinschaftsperson, die gemeinschaftliche Geistigkeit... ist wirklich und wahrhaft personel, es ist ein wesenoberer Begriff da, der die individuelle Einzelperson und die Gemeinschaftsperson verbindet, es ist Analogie da, genau so wie Analogie da ist zwischen einer Zelle und einem aus Zellen gebauten Organismus, kein blosses Bild sondern Gattungsgemeinschaft.*[40]

E assim nos deparamos com um dilema sem solução viável. Se aceitarmos a lógica da legitimação husserliana da sociologia, acabamos por reivindicar a menos saborosa daquelas crenças que a "ciência da não liberdade" quis que adotássemos – apresentada, aliás, da forma mais primitiva possível. Se, seguindo Laszlo, apontamos as inconsistências imanentes da lógica de Husserl, ficamos sem nenhuma proposta que possamos considerar relevante para a tarefa que temos em mãos: somos reforçados em nossa visão original, de que o programa fenomenológico, se minuciosamente observado, não pode gerar nenhuma sociologia. No mínimo, é uma declaração da ilegitimidade do empreendimento sociológico. Se levarmos a subjetividade a sério, a concepção de interlocutores como sujeitos autônomos torna-se impossível. O conceito de espaço interindividual e a comunicação entre sujeitos autônomos tornam-se não problemáticos (e oferecem um objeto legítimo de estudo) apenas se a existência de "outras mentes" for afirmada axiomaticamente. Mas, então, todas as notórias dificuldades com a subjetividade, muito bem conhecidas na história da sociologia, estão de volta e estamos mais

---

[40] Em tradução livre: A pessoa da comunidade, a espiritualidade comunitária... é verdadeiramente e genuinamente pessoal. É um conceito superior que une a pessoa individual e a pessoa da comunidade. Há uma analogia presente, assim como há uma analogia entre uma célula e um organismo formado por várias células. Não se trata apenas de uma mera ilustração, mas de uma comunidade de espécie.

uma vez na estaca zero. Como veremos adiante, o problema não é de forma alguma um obstáculo menor. A crítica da sociologia, atualmente empreendida de forma ostensiva sob os auspícios da fenomenologia, emana, na verdade, de uma fonte diferente – a da filosofia existencialista.

A restauração existencialista

Em oposição a Husserl, os existencialistas nunca ficaram aturdidos com a existência dos outros; isso nunca lhes pareceu um problema com o qual se tem de lidar tecendo um fino tecido de sutis categorias filosóficas. A presença dos outros aparecia para eles, ao contrário, como o fato primário da existência. A presença dos outros, a comunicação com os outros, estando impregnados de interação, eram todos constituintes integrais do *self*, ao invés de atributos que poderiam ser adicionados em algum estágio posterior ao *self* já estabelecido e completo. Talvez a diferença deva remontar ao fato de que Husserl, por um lado, e os existencialistas, por outro, perseguiram objetivos diferentes. A preocupação de Husserl era acima de tudo a noética: as questões ontológicas, o problema do "o que", veio sob seu escrutínio na medida em que Husserl percebeu que as principais questões ontológicas e epistemológicas só podem receber uma solução satisfatória se tratadas conjuntamente, como aspectos de uma questão central: "como eu sei?". No existencialismo, a questão do conhecimento, embora considerada seriamente, desempenha um papel subordinado. O motivo orientador da filosofia existencialista é fornecido pela busca da natureza autêntica e não distorcida do homem, em vez do conhecimento não distorcido que o homem pode adquirir. E o ponto de partida para essa busca consiste, por assim dizer, em "afastar" precisamente aquelas essências que Husserl desejava colocar no próprio centro do empreendimento filosófico. É a existência que constitui a realidade mais flagrante, intrusivamen-

A crítica da sociologia

te presente, inerradicável e "pré-predicativa" de o homem-estar-no--mundo. E esse estar-no-mundo implica objetos – coisas e outros seres humanos – desde o início, como pré-condição para todo o filosofar, para a própria existência. Como na notória frase sartriana "a existência precede a essência", é a essência que pode ser vista como um adendo artificial à experiência primária submersa no fluxo vivo da existência. O que nós, em nossa vida cotidiana, como resultado de um longo e penoso treinamento, consideramos essência, são subprodutos de uma existência não autêntica e falsificada; um testemunho para os homens que falharam ou não tiveram permissão para ser eles mesmos. Dentro do campo estruturado pela busca do conhecimento verdadeiro, a presença dos outros não podia ser dada como certa, e sem que a presença dos outros fosse um dado certo, não se poderia embarcar na busca da verdadeira existência.

E assim, todo ser é, desde o início, ser-no-mundo, o que inclui estar-com-os-outros. Ora, tanto o "estar-em", quanto o "estar-com", são definidos como consciência de que tal "não eu" está presente, é irremovível, e que isto apresenta um problema, define uma relação, uma atitude, um *modus vivendi* inevitável. O que se segue é que o único ser que pode ser discutido – o único ser verdadeiro – é a condição humana do ser, fundada na reflexão e contendo a realização da separação do conhecer a si próprio. O "homem" é um conceito multifacetado que, tendo vinculado o corpo humano e as relações que ele condiciona, pode abranger mais do que o tipo de ser que os existencialistas considerariam especificamente humano. Daí a tendência de introduzir outras palavras para representar o modo especificamente humano de existir (*Dasein* em Heidegger, *pour-soi* em Sartre), palavras que colocam em foco o modo reflexivo de ser e simultaneamente descartam os significados da existência que os homens podem compartilhar com coisas animadas ou inanimadas. É apenas para os homens que estar-no-mundo significa a necessidade de definir a si mesmos em relação a este mundo, traçando linhas divisórias entre si mesmos e este mundo, defendendo-se

101

contra intromissões vindas de fora, distinguindo-se entre os seus verdadeiros *selves* e as formas que o mundo exterior pressiona para imprimir neles.

As tensões entre o *self* e o mundo no qual o *self* está imerso estão, portanto, contidas na mais elementar, universal e pré-predicativa experiência. Elas não são causadas por um tipo específico de relações sociais; nem são criadas por um tipo especial de exigência erguida contra o mundo por uma personalidade historicamente determinada. Em vez disso, elas são um aspecto definido da existência humana como tal – um fator antropológico-por-definição da vida humana. Se eles deixarem de ser vivenciados e sentidos como "o" problema do estar do homem no mundo, isso pode significar apenas uma emancipação espúria dos sofrimentos inerentes à condição humana. Isso pode significar apenas a perda do que há de genuinamente humano na existência do homem, um retorno do *pour-soi* ao *en-soi* pré-humano; uma retração do estado de estar-no-mundo para um estado no qual o eu previamente separado e autônomo é sugado e dissolvido pelo mundo exterior a ele, a ponto de perder a sua distinção; isto é, abandona o seu poder de ver a si mesmo como um objeto e a sua relação com o mundo como um problema. A demarcação entre o eu e seu mundo é, portanto, inescapável dentro dos limites da existência humana. A ruptura não pode ser transcendida ou, de fato, superada, sem destruir o próprio *pour-soi*. Dado o fato de que o mundo fora do *self* "existe"; que ele está presente como um objeto de reflexão, como um objeto para um sujeito reflexivo apenas na medida em que o *self* o coloca em oposição a si mesmo (neste sentido, "criando" o seu próprio mundo), então pode-se realmente ver o sistema existencialista como uma variação do motivo hegeliano de *Entäusserung*: o mundo refletido, o mundo dotado de significado, o mundo posto é uma exteriorização do *self*. Mas aqui acaba a afinidade. A visão hegeliana da reabsorção definitiva do mundo exteriorizado pelo Espírito que se reconhece a si mesmo nos produtos de sua autoalienação (a visão que "historicizou" o fenômeno da alienação e dotou-o de uma dinâmica dirigida) é enfaticamente rejeitada pela filosofia existencialista. A ruptura não é uma etapa transitória no caminho para a restauração da unidade: ela é, ao contrário, sinônimo de ser humano; um episódio na história da Natureza, um estado eterno para os seres humanos: um estado contíguo ao estar-no-mundo especificamente humano.

Assim como a ruptura é inevitável, também o é a relação com os outros. Assim como a ruptura é, no fundo, um acontecimento inevitável (por definição da existência especificamente humana), embora, ao mesmo tempo, um ato de vontade, assim também é a relação com os outros. O homem está condenado a existir fisicamente com os outros, a compartilhar com eles o mundo natural. Mas, para coexistir com eles de maneira especificamente humana, ele deve aplicar a sua própria vontade: deve-se escolher ativamente a relação justa com os outros e rejeitar ativamente a relação corrompida e desumanizada. As relações justas podem ser encontradas apenas na decisão de o interlocutor de permanecer *pour-soi*. Como disse o proeminente psicólogo existencialista Ludwig Biswanger, os homens podem se entender apenas em uma relação eu-tu na intimidade dos *selves*, e não por meio de um choque de objetos, ou uma tentativa de um *self* de dominar e manipular outro ser humano objetivado. O virtual estar-com-os-outros requer um esforço difícil e extenuante para estabelecer contato no nível do *pour-soi*, um contato em que em nenhum momento o outro ser foi reificado e suposto como objeto.

Ao outro, portanto, foi atribuído um papel duplo e intrinsecamente controverso, como uma alavanca necessária para elevar o *en-soi* ao nível do autenticamente humano *pour-soi*, ao mesmo tempo que, simultaneamente, é o mais grave perigo e obstáculo a tal elevação. O primeiro papel é uma questão de esforço consciente, de decisão ativa. O segundo é uma questão da rotina intrusiva e viciante da vida diária, da fuga da "vertigem da liberdade", de se hesitar covardemente da decisão de ser autenticamente humano. O segundo papel é aquele que todos conhecemos muito bem da vida cotidiana. Os outros nos

A crítica da sociologia

aparecem, à primeira vista, como um "eles" anônimo, uma multidão sem rosto que de uma só vez nos priva de nossa distinção e nos liberta da dolorosa necessidade de escolher e decidir. A multidão – este odiado monstro de Kierkegaard, Nietzsche, Heidegger (*das Man*) – usurpa o direito, outrora atribuído a Deus, de condenar a essência humana, o papel a que se deve conformar e os princípios morais que é preciso respeitar. Em troca, ela oferece o reconfortante sentimento de irresponsabilidade, liberdade de arcar com as consequências de sua própria escolha, de se culpar pelas adversidades da vida. Como podemos ver, essa multidão do existencialista está ansiosa em satisfazer ambas as necessidades decorrentes da experiência do senso comum: a necessidade de compreender a natureza da necessidade exterior e o desejo de transferir o fardo da responsabilidade para agentes dos quais o homem pode dizer, com a consciência tranquila, que não estão em seu poder. Ela supre, portanto, aqueles mesmos anseios aos quais a sociedade durksoniana atende. O que, para os durksonianos, é a sociedade benevolente, embora esmagadoramente poderosa, é a multidão de Kierkegaard, o rebanho atroz e bestializado de Nietzsche, o *das Han* entorpecedor de Heidegger, o inferno humano de Sartre. Com uma diferença essencial, no entanto. Para os existencialistas, em oposição ao durksonianismo, a sociedade-rebanho não obtém controle sobre o *self*, a menos que seja convidada a fazê-lo, mais frequentemente por omissão do que por uma rendição deliberada. Para exercer seu poder ditatorial, para diluir o eu potencialmente único em uma multidão homogeneizada de dígitos intercambiáveis, essa sociedade deve primeiro passar pelo processo de reificação (*Verdinglichung*, de Hegel), ser cognitivamente reformulada em uma inevitabilidade todo-poderosa, e finalmente articulada como o "eles" onipotente. De fato, a sociedade torna-se uma segunda natureza, uma realidade objetiva, apenas se articulada dessa maneira. Somente se for cognitivamente apropriada como "eles" que nos empurram, intimidam, arrastam e nos forçam a ser o que não desejamos ser; apenas se for permitido, em troca da liberdade de responsabilidade, depredar nossa existência autêntica. Assim, ser escravizado pela sociedade é uma questão de decisão, ou melhor, uma questão de se abster de decisão. Não é de forma alguma um destino inevitável dos seres humanos. Muito menos ainda é a condição de se tornar um ser humano.

A filosofia existencialista parece oferecer, portanto, uma crítica direta e mais radical da sociologia, ao mesmo tempo que se encontra com a sociologia em seu próprio terreno, apropriando-se de sua linguagem e de sua problemática e, assim, sugerindo um argumento significativo – e consequentemente conclusivo. Ela aceita a "sociedade" como uma realidade. Mas, primeiro, insiste em fazer a pergunta pertinente de como a sociedade se tornou (ou melhor, como está se tornando cada vez mais) uma realidade em primeiro lugar. Em segundo lugar, ela aponta que o *self* é um fator altamente instrumental e ativo (mesmo que apenas desistindo da ação) nesse devir. Em terceiro lugar, abre a possibilidade de questionar e desafiar a realidade social, definindo-a como uma existência inautêntica: ao fazê-lo, ela oferece um horizonte cognitivo mais amplo, dentro do qual a atual realidade social "aqui e agora" não pode mais reivindicar o *status* privilegiado do único fulcro do conhecimento válido – o único fornecedor de "fatos". Como veremos mais adiante, essas três propostas bastaram para atrair muitos pensadores insatisfeitos com as notórias falhas da ciência da não liberdade.

Entretanto, dessa forma, o caminho traçado pelo existencialismo revelou-se tão árduo quanto a alternativa que veio substituir. Tendo resistido com sucesso à redução da existência humana ao polo oposto, objetivado, em vez disso ele reduziu-a ao primeiro, subjetivo. Os anseios e motivos humanos não são mais os produtos finais da intratável "realidade social"; em vez disso, a realidade social torna-se a consequência reificada da decisão (ou indecisão) do *self*. A direção da redução sofreu um giro de 180 graus, com certeza, mas ainda é uma redução. Com a mesma veemência com que os durksonianos lutam contra a "misteriosa noção de livre-arbítrio", os sociólogos existencialistas estão fadados a lutar contra a "misteriosa noção de necessidade social". A mudança de direção não diminui a intensidade do ataque.

Ainda mais importante: se a sociologia durksoniana não conseguiu esclarecer adequadamente as atualizações da desobediência humana e não pôde deixar de conceber a liberdade como um desvio resultante do fracasso técnico da sociedade, a sociologia existencialista enfrenta a mesma dificuldade ao tentar esclarecer a experiência persistente da sociedade como uma realidade intrusiva e irremovível, e não pode deixar de perceber tal sentimento como um desvio resultante do fracasso técnico, no impulso para a autenticidade. Ambas as visões, por causa de sua unilateralidade autoprogramada, deixam para trás um resíduo desconfortavelmente grande da experiência humana, para o qual eles se recusam a explicar de qualquer outra maneira que não sejam anormalidades estranhas e infelizes, que se pode mitigar, se não acabar, com conhecimento adequado e esforço pertinente. Sendo organicamente incapaz de oferecer uma explanação coerente para a liberdade humana, a sociologia durksoniana pode apenas declará-la uma ilusão. Sendo igualmente incapaz de oferecer uma explicação significativa da aparência natural da realidade social, a sociologia existencialista está fadada a empregar o mesmo artifício e declará-la um fantasma.

Outra consequência do reducionismo é, obviamente, a negligência da história e a consequente necessidade de projetar o sistema analítico escolhido no plano ontológico, como a dimensão antropológica de seus referentes postulados. O durksonianismo pode alcançar tal efeito postulando a fórmula de seu reducionismo como os "pré-requisitos lógicos" de toda e qualquer comunidade humana organizada. Graças a esse expediente, a categoria crucial foi colocada com segurança em um plano extratemporal e o incômodo problema da "origem" da sociedade semelhante à natureza foi afastado de uma vez por todas. Ela é mantida a uma distância segura pela chave hipotética em que todas as afirmações substanciais da sociologia

A crítica da sociologia

durksoniana são mantidas: dada uma sociedade humana, deve haver a, b, c... n. O mesmo efeito é alcançado pela sociologia existencialista ao retratar a fórmula de seu tipo de reducionismo como a característica definidora da existência autenticamente humana. Uma vez mais, o problema da história foi seguramente removido da agenda. Uma vez mais, uma chave hipotética impede que isso interfira: dado um modo autenticamente humano de estar-no-mundo, deve haver a, b, c... n.

Assim, ao que parece, temos uma forma de reducionismo confrontando outra, e o problema, em última análise, é de uma escolha arbitrária, guiada apenas pelas preferências de alguém ou pela tarefa de pesquisa que está em mãos. Em um aspecto importante, no entanto, a versão da sociologia centrada na sociedade tem uma vantagem sobre a centrada no indivíduo: ela pretende oferecer uma orientação genuína ao indivíduo, enquanto a sociologia orientada pelo existencialismo deixa muito para o seu próprio discernimento. Tendo escolhido a sociedade como agente humanizador, a sociologia durksoniana é capaz de discutir o problema da moralidade como algo que, em princípio, pode ser estudado e aprendido como uma certeza. Tendo optado pela postura de uma ciência objetiva, ela observa, é claro, uma estrita neutralidade quanto à decisão pessoal de ser ou não ser moral. Mas se a decisão de ser moral é tomada, a sociologia durksoniana não tem dificuldade em apontar "como" alguém pode ser um ser moral, e o que é ser moral em condições específicas. É precisamente o oposto no caso da sociologia existencialista. Na ausência de agentes humanizadores supraindividuais, ser moral é um imperativo que o indivíduo encara diretamente como a tarefa que deve realizar por si próprio. Quando se trata da questão, porém, de como alguém pode ter certeza de que seu modo de estar-no-mundo é de fato moral, o existencialismo, bem como a sociologia que ele pode inspirar, não oferece nenhuma orientação confiável. "Levar uma vida autêntica" é a única receita. Mas esse é um conselho puramente formal. A autenticidade é, por definição, um conceito completa-

A crítica da sociologia

mente individualizado e, também por definição, é preenchido com substância apenas pelo próprio indivíduo, depois que a orientação, que pode ter sido obtida de fontes extraindividuais, foi considerada inautêntica e, como tal, rejeitada. Portanto, nenhuma decisão tomada pelo indivíduo pode atingir o caráter conclusivo, que apenas pode ser fornecido por um agente visto como inexpugnável e fora do seu controle. Tendo declarado tal agente uma ilusão e tendo o desmistificado como um produto de reificação mórbida, o existencialismo faz mais do que apenas suspender seu próprio julgamento sobre o que é certo e errado; ele nega a própria possibilidade de discutir problemas morais em termos válidos para mais de um *self*. Parece que o existencialismo efetivamente dissipou o manto de aparências que passavam pelo conteúdo moral da existência humana – mas apenas para revelar o vazio moral último do qual uma vida autêntica e genuinamente humana não pode escapar.

Vimos anteriormente que o tipo durksoniano de sociologia, enquanto dirige-se à imaginação de um membro leigo, comum da sociedade, procura satisfazer as mesmas necessidades que costumavam ser atendidas pela religião dos sacerdotes. Pode-se comparar similarmente a sociologia existencialista à religião dos profetas. Ela não contém promessas fáceis de libertar o indivíduo atormentado do fardo de sua responsabilidade. Ela desmistifica em vez de interpretar o mistério da existência humana. A existência desmistificada não é, porém, fácil de enfrentar. O mundo mistificado, com todos os sofrimentos que pode causar, emana um sentimento reconfortante de falsa segurança; quando os sofrimentos transbordam do recipiente seguro da rotina diária, o mundo mistificado ainda pode ser criticado, rejeitado e desafiado sem colocar em questão a integridade e a inocência moral do sujeito desafiador. "Eles" não são apenas senhores de escravos e carcereiros. Eles trazem, em um pacote peculiar, a redenção junto com a escravidão, a libertação da responsabilidade junto com a não liberdade de ação. Os profetas, portanto, ao contrário dos sacerdotes, oferecem pouco conforto.

A crítica da sociologia

Tendo dispersado o fantasma do "eles", os profetas apontam seus dedos acusadores para o *self*, agora deixado sozinho no palco bruscamente vazio. Agora, é o *self* que permanece o único e definitivo objeto de autoescrutínio e crítica.

É essa filosofia existencialista, com a sua imensa desmistificação limitando o potencial e as restrições autoimpostas à crítica prática do mundo, que serviu de inspiração real para aquelas diversas correntes da crítica da sociologia que traçam as suas raízes comuns até os trabalhos de Alfred Schutz. A rubrica "fenomenológica", sob a qual essas correntes escolheram descrever suas características distintivas, é um termo errôneo. Vimos que os princípios da fenomenologia, se observados cuidadosamente, são incapazes de gerar qualquer conhecimento descritivo que compartilhe seu objeto com o que veio a ser conhecido como sociologia. É o existencialismo, partindo desse estar-no-mundo que implica o estar-com-os-outros, que pretende abranger um campo de estudo comensurável com o da sociologia. De fato, Schutz parte de um mundo vivo muito mais densamente povoado do que permitiria a austera subjetividade transcendental de Husserl. A presença de outros, que Husserl considerava o problema mais intrincado e misterioso de todos, é para Schutz axiomaticamente não problemática. É a existência de um mundo tão complexo (cuja própria existência Husserl quis afastar e, mais tarde, reconstruir cautelosamente usando apenas elementos inexistentes) que, segundo Schutz (e Kierkegaard, Heidegger e Sartre) é simplesmente dado, direta e imediatamente. No geral, Schutz está preparado para incluir na "esfera pré-predicativa" muito mais das "relevâncias interpretativas" do que Husserl originalmente fez – embora ele constantemente invoque a autoridade de Husserl para legitimar o caráter não inferencial de tais relevâncias.[41] O membro, mais do que a subjetividade transcendental, é a categoria central de Schutz; isso que significa que o pertencimento a uma comunidade

---

[41] Cf. Schutz, *Reflections on the Problem of Relevance*, p.43.

A crítica da sociologia

que compartilha relevâncias interpretativas é atribuído a uma modalidade pré-predicativa, está localizado entre as condições preliminares do processo de vida do sujeito. Esse pertencimento, bem como o inventário de conhecimento "em questão" que ele pode significar, é, da mesma forma, declarado não inferencial. É, portanto, esse "fato bruto" ou "o-imediatamente-dado" que deve ser cuidadosamente pesquisado e fielmente descrito, mas que não tem nenhum "além" significativo a partir do qual se pode fornecer sua explicação causal. É verdade que o conhecimento disponível é socialmente derivado; mas esta é uma suposição sem grandes consequências, uma vez que nossa vida começa a ser vivenciada e, portanto, torna-se um objeto acessível à exploração e à reflexão, apenas quando a "doação social" desse conhecimento disponível já ocorreu. O vernáculo – esse conjunto pronto de tipos pré-constituídos – já foi adquirido. "Desde o início" é a expressão favorita de Schutz. É "desde o início" que nosso mundo é um mundo intersubjetivo de cultura, e não, como argumentou Husserl, algo a ser laboriosamente construído para ser conhecido. Metodologicamente, a afirmação acima significa que a sociologização que Schutz permitiria deve começar do mundo da cultura já apropriado e incorporado pelo "membro" – assim como, no caso da sociologia durksoniana, deve começar de uma sociedade que já adquiriu um domínio sobre o indivíduo.

Esse "mundo intersubjetivo da cultura", que "desde o início" é nosso, é um mundo de significação que, no entanto, é em última instância feito pelo homem. Não em sua totalidade, certamente. Existem numerosos pressupostos e regras geradoras que Schutz discute como características estruturais antropologicamente universais da experiência de vida como tal; a sugestão é que eles constituem limites intransponíveis, ou condições universais, de todo mundo intersubjetivo da cultura. Essa tendência de escalar as alturas extratemporais antropológicas, Schutz compartilha com a sociologia durksoniana. A ambos faltam boas ferramentas para lidar com o historicamente específico por causa de seu esforço de postular,

A crítica da sociologia

talvez, o historicamente específico como universal. Schutz está no seu auge quando permanece no nível da "gramática geradora" da experiência como tal. Mesmo ao tomar como ponto de partida uma ação específica, geográfica e historicamente localizável, ele tende a tratar essa especificidade histórico-geográfica como um véu que encobre as estruturas universais de interesse genuíno. O "regressado", ou o "estrangeiro", elevam-se ao nível dos tipos a-históricos. De forma considerável, o "mundo intersubjetivo da cultura", na forma em que Schutz o coloca como objeto de pesquisa, carece desde o início de uma dimensão histórica.

O papel principal do mundo intersubjetivo da cultura parece consistir em fornecer princípios geradores que diferenciem e individualizem os mundos subjetivamente concebidos dos membros. A maioria dos padrões culturais discutidos por Schutz toma a forma de regras de estruturação cognitiva, que inevitavelmente levam a resultados diferentes em cada caso individual. A classificação dos outros em membros de *Umwelt*, *Mitwelt*, *Vorwelt* e *Folgewelt* é uma regra universal, requerida pela graduação natural da familiaridade e da acessibilidade. Dependendo desses dois fatores, o membro assume quatro atitudes diferentes em relação a esses indivíduos, classificando-os de acordo com uma das categorias acima. Os princípios formais de tal estruturação cognitiva, portanto, permanecem os mesmos em todos os casos; mas as estruturas cognitivas emergentes serão, como se poderia esperar, nitidamente diferentes, dependendo da situação biográfica do membro estruturador. Como o próprio Schutz coloca, com a substituição de outro "ponto-nulo" (ou seja, outra situação biográfica), o significado-referência é alterado. O mesmo se aplica a uma das categorias gerais da sociologia schutziana – "mundo ao alcance". Para cada membro, o mundo ao alcance, a única área em que as relações "nós" (eu-tu) são concebíveis e a única área à qual os motivos "a fim de" podem ser razoavelmente aplicados, constitui o cerne da realidade de cada membro. Mas, novamente, seus limites certamente serão traçados de forma diferente por e para cada membro, e os territórios de tais mundos circunscritos por diferentes situações biográficas certamente não se sobrepõem. O útil conceito de "províncias finitas de significado" fornece outro exemplo. Cada membro vive dentro de múltiplas realidades. Cada realidade é constituída cognitivamente em sua própria maneira específica, que é caracterizada por um estilo cognitivo peculiar, por uma consistência alcançada ao colocar alguns elementos específicos em um pano de fundo dado como "certo", pela aplicação da *epoché* a um setor distinto de mundo da vida e por uma perspectiva temporal peculiar. Mais uma vez, todas essas características distintivas se combinam em vários tipos que são universais, no sentido de serem reconhecidamente semelhantes no conjunto de "províncias finitas de significado" de cada membro. Pode-se descrever validamente para todos os membros reais e possíveis que tipo de estilo cognitivo, *epoché* etc. constitui a província do argumento, ou arte, ou lazer. Mas, como nos casos anteriores, a maneira pela qual um membro divide o mundo compartilhado em províncias, quando ele muda sua atenção de uma província para outra, não é necessariamente coordenada. Pelo contrário, essas atividades dos membros, embora operadas pelos mesmos princípios estruturais, levarão inevitavelmente a resultados altamente distintos. O conceito de "referência apresentacional", considerado por Schutz uma importante ferramenta de atribuição de significado, fornecerá nosso exemplo final. Qualquer membro, confrontado com uma série de experiências, atribuirá significado a elas, combinando-as em pares de apresentação mútua. O contexto em que se dará tal pareamento e, consequentemente, a seleção dos pares e a divisão dos papéis dentro dos pares, variará de acordo com a situação biográfica de um determinado membro; as mesmas ferramentas inevitavelmente produzirão uma ampla variedade de significados, mesmo se aplicadas a objetos de experiência "externamente" semelhantes.

Em suma, o mundo intersubjetivo da cultura de Schutz tende a produzir, perpetuar e reforçar a autonomia e a singularidade de cada membro como uma entidade cognitiva. Schutz mostrou admi-

A crítica da sociologia

ravelmente como a singularidade dos membros é criada e continuamente recriada com a mesma inevitabilidade que o durksonianismo atribuiu ao impacto uniformizador da cultura. Os dois testemunhos incompatíveis de experiência foram, portanto, reconciliados no plano cognitivo: lançado em um mundo cultural compartilhado, incapaz de escolhê-lo como um ato de vontade, confrontando o seu mundo cultural como realidade inescapável, o membro ainda está condenado (devido a esse fato, antes do que apesar dele) a se tornar e permanecer um indivíduo único. É precisamente o compartilhamento das mesmas regras estruturais de percepção do mundo que assegura a singularidade de cada experiência e cada mundo individual de significado.

Se, no entanto, como foi demonstrado, os mundos de significado dos membros individuais são únicos, a comunicação entre os indivíduos constitui um problema. De fato, é preciso perguntar como tal comunicação é possível. Até aqui, tudo o que aprendemos sobre o mundo intersubjetivo da cultura apontou inequivocamente para a separação monádica dos mundos cognitivos individuais. É necessário agora mostrar como, dado esse *status* monádico, os membros ainda podem formar e manter uma comunidade de significados.

Schutz assume como antropologicamente universais algumas condições dessa comunidade. Essas são suposições comuns, feitas, de alguma forma, por todos os membros de todas as comunidades em todos os tempos – talvez espontaneamente, mas, de qualquer forma, sem nenhum processo visível de ensino-aprendizagem. Elas são, ao que parece, elaborações simples sobre características constantes e primárias da experiência individual, mas universal – embora em nenhum lugar tal suposição esteja confirmada em tantas palavras pelo próprio Schutz. Na ausência de qualquer resposta explícita à questão da origem do "estoque de conhecimento disponível", fica-se realmente livre para postular uma variedade de interpretações, chegando até a suposição de uma propensão inata em toda a espécie para perceber o mundo e organizar essa percepção de acordo com

A crítica da sociologia

um conjunto de regras invariáveis. Não que a questão da origem importe no caso de Schutz. As regras e suposições que se combinam no "estoque de conhecimento disponível" foram introduzidas no sistema da sociologia schutziana como um elemento reconhecidamente kantiano. Eles são, de fato, nada mais do que condições *a priori* de toda a experiência significativa, e de toda a comunicação significativa entre sujeitos cognitivos únicos.

Os exemplos seguintes são típicos. Primeiro, a suposição de que o mundo consiste em objetos definidos. Essa suposição é extraída e continuamente justificada pela experiência de resistência. Sua forma mais elementar é a resistência do nosso próprio corpo, que pode adoecer, ficar incapacitado ou relutar em obedecer as nossas decisões. Toda a percepção do mundo como exterior e "real" pode ser vista como uma modificação dessa experiência fundamental. Em segundo lugar, vem a expectativa de que as experiências sejam típicas; que se prestam, em princípio, a generalizações, em vez de serem únicas e irrepetíveis; que uma única experiência é sempre um membro de uma classe maior de experiências semelhantes e que, portanto, pode-se aprender com a experiência anterior, esperando razoavelmente que as ocorrências futuras se conformem ao padrão já conhecido. Em seguida, a mesma expectativa de regularidade se estende à esfera diretamente relevante para o problema da comunicação inter-humana: espera-se que as perspectivas cognitivas sejam recíprocas por outros membros, que os pontos de vista assumidos pelos interlocutores da conversa sejam, pelo menos em princípio, intercambiáveis. Em outras palavras, a compreensão recíproca dos significados de cada um é uma condição dada *a priori* do estar-com-os-outros. Em vez de ser um produto final da aplicação de uma tecnologia intrincada que se deve aprender a dominar diligentemente, a compreensão está implícita em cada ato de comunicação "desde o início". A possibilidade idealizada de tal compreensão se manifesta continuamente no processo de comunicação, com os membros assumindo as atitudes de seus opostos e esperando que seus in-

A crítica da sociologia

terlocutores se comportem de maneira semelhante. Finalmente, há uma expectativa *a priori* de congruência dos pontos de vista. Eles não são apenas intercambiáveis, no sentido de que cada membro pode se colocar em cada ponto de vista, mas também podem ser harmonizados, feitos para complementar um ao outro, com o efeito de que podem ser sustentados simultaneamente por diferentes interlocutores na conversa, sem tornar o discurso incompreensível ou condená-lo ao fracasso. Vamos repetir: todas essas e outras suposições não são aceitas com base em generalizações empíricas, mas deduzidas da análise das condições que devem ser atendidas se o "estar-com-o-outro", no sentido de uma intercomunicação significativa, é concebível. Esses são, portanto, "pré-requisitos teóricos" da existência do indivíduo, tanto quanto, digamos, a "manutenção do padrão" é, para a sociologia durksoniana, um pré-requisito teórico da sobrevivência do sistema.

Sendo essas as condições gerais de estar-com-os-outros, outros fatores são necessários para alcançar relações genuínas de sujeito-a--sujeito. Schutz discorda da visão bastante sombria de Sartre sobre a possibilidade de transcender ou evitar a reificação nas relações inter-humanas. Para Sartre, a própria presença dos outros inevitavelmente compromete a autêntica singularidade do *self*. A própria consciência de ser observado cria inquietação e desconforto e limita a liberdade do *self*; o *self* vivencia a si mesmo como objetivado pelo outro e é incapaz de evitar fazer o mesmo em troca. Portanto, apenas as relações sujeito-objeto são possíveis. Schutz é mais otimista. Dos muitos tipos de relações entre os membros, ele seleciona, como particularmente privilegiados em relação à desreificação, as relações *Wir-Einstellung* (equivalente ao Eu-Tu, de Buber) entre associados, nas quais os membros podem de fato conceber uns aos outros como sujeitos únicos. Essa possibilidade eles devem ao envolvimento biográfico mútuo. Parece que *Wir-Einstellung* se desenvolve no processo de discurso prolongado e contínuo entre os membros, no qual todos os aspectos da subjetividade de cada interlocutor têm a chance

A crítica da sociologia

de serem trazidos à tona, de modo a permitir que cada interlocutor apreenda a tempo a sua configuração única. Cada interlocutor aprende gradualmente a subjetividade única do outro explorando no processo de intercâmbio ativo, tanto a sua flexibilidade, quanto os seus limites últimos. Quando relações genuínas Eu-Tu se desenvolvem, os muitos véus do anonimato, que normalmente cobrem a subjetividade do outro, podem ser completamente removidos.

Essa possibilidade, ainda que não concretizada, faz toda a diferença entre associados e meros contemporâneos. Estes últimos, embora em princípio acessíveis a uma conversa potencial, não estão suficientemente envolvidos na biografia de determinado membro para se exporem na singularidade de suas subjetividades. Eles sempre manterão um grau menor ou maior de anonimato; quanto maior o anonimato, mais pobre o conjunto de sintomas pelos quais são apreendidos. Em vez de serem percebidos como sujeitos, os contemporâneos são concebidos como espécimes de um tipo. Tal tipo refere-se a eles, localiza-os dentro do mapa cognitivo subjetivo de um membro e desencadeia a unidade relevante do repertório comportamental de um membro, mas nunca é idêntico a um outro concreto.

Há, portanto, uma diferença de espécie entre as relações sujeito-a-sujeito e as relações meramente tipificadas. As primeiras são um elemento integrante do estar-no-mundo de um membro; eles são de fato coincidentes com a sua própria existência. As segundas, porém, são apenas de caráter hipotético. Quando falamos de relações sociais entre meros contemporâneos, o que queremos dizer é apenas uma chance subjetiva de que os esquemas tipificadores e as expectativas reciprocamente atribuídos sejam recíprocos, isto é, usados de forma congruente pelos interlocutores. Isso permanece o tempo todo um acaso subjetivo e, na medida em que continuam a ser fundados apenas em *Ihr-Einstellung*, não podem elevar-se acima do nível de mera hipótese. Apenas aquele setor do mundo que foi destacado pela situação biográfica é constantemente questionado pelos membros e está sujeito a uma intensa exploração. Os con-

A crítica da sociologia

temporâneos, ao contrário dos associados, situam-se fora desse setor. Intocados pelos interesses cognitivos do membro, atribuídos a pouca ou nenhuma relevância tópica, eles – mesmo que, em princípio, questionáveis – são deixados inquestionáveis. O próprio fenômeno do "tipo" consiste em traçar uma linha de demarcação entre os horizontes explorados do tópico em questão e o resto dele, que o membro deixa inexplorado.

Os "tipos ideais pessoais", que se referem a agregados de contemporâneos (ou, nesse caso, predecessores ou sucessores – que, no entanto, diferem dos contemporâneos porque não podem ser interlocutores do discurso), são tipificações do primeiro, o mais baixo nível. Existem, certamente, tipificações mais complexas, mas todas elas são derivadas daquelas do primeiro nível por analogia ou fusão. O estado, o povo, a economia, a classe – são todos exemplos característicos desses tipos complexos, que tendemos a tratar como se fossem tipos pessoais *sui generis*. Na verdade, são descrições abreviadas de sistemas altamente complexos de tipos pessoais entrelaçados de grau mais baixo. Devido à sua natureza derivativa, eles ampliam todas as fraquezas da tipificação original e ampliam as áreas deixadas na sombra e presunçosamente tomadas como certas no processo de tipificação. Em particular, a natureza hipotética de tais tipos de segunda ordem é consideravelmente intensificada. Tanto foi dado como certo no processo de sua tipificação, que a questão de sua verificação dificilmente pode ser colocada na agenda. Afastando-nos por um momento do universo do discurso desenhado pelo vocabulário schutziano, podemos dizer que, para todos os efeitos práticos, os conceitos como sociedade ou classe entram no mundo da vida do indivíduo humano como mitos, sedimentados por um longo e tortuoso processo de abstração do qual o próprio membro perdeu o controle em um estágio relativamente inicial (na verdade, com seu primeiro passo além do domínio aconchegante das relações Eu-Tu com o círculo íntimo de associados).

A crítica da sociologia

Estes são, ao que parece, os limites últimos da crítica da sociologia que podem emanar da inspiração existencialista. Tal crítica pode explicar os fenômenos supraindividuais apenas como conceitos mentais. Qualquer crítica a tais conceitos consistirá em demonstrar que se chegou a eles por uma série de operações mentais sujeitas a regras puramente cognitivas; em mostrar que, dadas essas regras inerradicavelmente presentes no estoque de conhecimento disponível, a geração de tipos é inevitável. Esses tipos retornam mais tarde ao mundo da vida do indivíduo, admitidos ali pela força de analogia com as relações pessoais – as únicas vividas direta e plenamente. Os mesmos mecanismos mentais, por assim dizer, desreificam os associados e reificam todo o resto do mundo do indivíduo – sendo a reificação em si um processo mental, que consiste em assumir a "existência objetiva" do que é, de fato, um produto conceitual complexo de peneirar a experiência pessoal limitada. Schutz – e os seus seguidores com ainda mais zelo – atribuem a tal conduta o *status* de hipóstase: um erro lógico comum de imputar referências reais a palavras abstratas.

A "segunda natureza" recuperada

Se, portanto, a sociologia durksoniana se esforça para "desmistificar" a liberdade individual, sua crítica schutziana procura, aparentemente, "desmistificar" a sociedade. Entretanto, ela faz pouco para ajudar o indivíduo, supostamente emancipado como resultado de tal desmistificação, a adquirir uma liberdade prática a partir do produto de sua própria capacidade de reificação. Pelo contrário, a análise schutziana demonstra de forma convincente que a reificação e os tipos hipotéticos que substituem a experiência íntima Eu-Tu dos outros são construídos no próprio tecido da existência do membro. Eles podem talvez ser renegociados e refeitos, mas de uma forma ou de outra eles estão lá para ficar para sempre. Em certo sentido, a reificação da experiência limitada nos conceitos todo-poderosos, embora hipotéticos, que, por sua vez, estruturam a experiência do indivíduo, é tão antropologicamente universal e inevitável quanto a "consciência coletiva" de Durkheim ou os pré-requisitos do sistema de Parsons. Não foi deixado espaço para a suposição de que em algumas condições a reificação pode ser evitada, que em algumas situações as pessoas podem ser capazes de "ver através" da totalidade de seus envolvimentos sociais e que, consequentemente, a análise sutil schutziana do mundo-vida como tal é apenas uma descrição indevidamente generalizada de um mundo específico, gerado historicamente. Com todo o seu poderoso potencial crítico voltado para a sociologia, concebida como a ciência da não liberdade, a alternativa schutziana se abstém de oferecer um ponto de vista conceitual a partir do qual uma crítica da realidade social (em oposição à crítica de sua imagem) poderia ser lançada. Nesse sentido, pertence à mesma classe da sociologia durksoniana que ela mesma critica de forma tão hábil.

O sistema schutziano de inspiração existencialista é, portanto, especificamente uma crítica da sociologia, e não de seu objeto. Como crítica, oferece um programa harmonicamente coerente, completo com uma infinidade de percepções reveladoras. O sistema schutziano pode ser concebido como uma antropologia (mais do que uma sociologia) do conhecimento, focalizando suas lentes precisamente naqueles setores do conhecimento que formam o domínio escolhido da sociologia. Schutz mostrou de forma convincente que a sociologia, longe de apreender a chamada "realidade social objetiva", na verdade é uma modificação purificada do senso comum; que toma como objeto não os "fenômenos objetivos", mas os produtos de tipificação e, em consequência, perpetua e reafirma as tendências reificantes do senso comum, em vez de expô-las pelo que são. Sendo meros produtos de objetivação, os "fenômenos objetivos" são incorporações de conhecimento subjetivo de "eventos triviais".[42] Atribuir-lhes

---

[42] Cf. Schutz e Luckmann, *The Structures of the Life World*, p.271.

qualquer outra modalidade existencial significa perpetuar aquela ilusão cuja exposição é a tarefa primordial da investigação científica do mundo-da-vida. O estado, a classe etc. – quando confrontam o indivíduo como constituintes inamovíveis de seu mundo de vida – alcançam tal *status* apenas porque "a colocação de objetivações feitas por uma pessoa e a sua interpretação feita pelo outro ocorreram 'ao mesmo tempo'." A tarefa da sociologia consiste, portanto, em desvendar o mecanismo oculto do processo de objetivação coletiva, que se abre aos olhos de um membro comum apenas na forma de seus produtos finais.

Mas, neste ponto, termina a crítica schutziana da sociologia. Se tudo o que fizermos for seguir fielmente seu padrão de explorar a lógica da objetivação, a sociologia se erguerá novamente sobre seus próprios pés. Em vez de tentar em vão apreender a realidade social, nós mostraremos mais sentido em voltar nossa atenção para a estrutura do processo que gera a nossa crença em tal "realidade" – começando pelo único conhecimento certo que nos é dado sem problemas, isto é, o conhecimento derivado diretamente do mundo da vida cotidiana. Isso será igual a voltar "às raízes", e o postulado husserliano *zu den Sachen selbst* será cumprido. Schutz não pede à sociologia que seja crítica de seu objeto. Ele a convida apenas a ser crítica de seu conhecimento mínimo desse objeto e da maneira como chegou a esse conhecimento. De fato, exatamente como os seus opositores durksonianos, Schutz exclui *a priori*, por pura decisão metodológica, a própria possibilidade da crítica dirigida ao objeto. Parafraseando Anselm L. Strauss,[43] se a sociologia durksoniana assumiu que o observador (sociólogo) "tem conhecimento do fim ao qual as pessoas são correspondentes", Schutz busca conhecer "as regras básicas sobre as quais as variações (de uma personalidade) são compostas": isto é, conhecer no sentido de excluir a possibilidade de tais regras de sempre mudarem, e não apenas as suas aplicações.

---

[43] Cf. Strauss, *Mirrors and Masks*, p.91 ss.

A crítica da sociologia

Com a dura realidade social semelhante à natureza reduzida analiticamente a tipificações e apenas tipificações, permanece a questão de saber se os homens podem alguma vez evitar tal atividade tipificadora. Essa possibilidade não é deixada dentro do sistema schutziano. Ao explicar a totalidade da "realidade social" pelo processo mais elementar e universal de reificação de significados, Schutz retrata, em primeiro lugar, a experiência da não liberdade como o traço antropológico eterno do homem-estar-no-mundo; e, em segundo lugar, retrata toda não liberdade como essencialmente semelhante, decorrente da mesma investidura humana essencial. A suposição de que alguns elementos da "realidade" vivenciada são redundantes e podem ser descartados, que esses elementos derivam de causas mais restritas (e menos inevitáveis) do que propensões universais de toda a humanidade, não pode ser seriamente colocada dentro da perspectiva schutziana. Mas é apenas com tal suposição que a crítica da sociologia pode se transformar em uma crítica da própria realidade social. Da devastadora vivissecção da sociologia de Schutz, a realidade social emerge intacta e invencível – reduzida a uma substância intelectual benigna, mas não menos inevitável e avassaladora do que o sistema metodologicamente postulado por Parsons.

Portanto, ambas as tentativas de explicar a experiência humana monisticamente parecem igualmente decepcionantes. Curiosamente, embora tentem provar que o outro polo da experiência aparentemente dual é apenas imaginário, ambas são incapazes de questionar a necessidade contida no primeiro polo. Ambas as tentativas são, portanto, organicamente não críticas à sociedade ou à condição humana que descrevem. A única vantagem da sociologia existencialista sobre a sua contraparte durksoniana consiste em sua capacidade de criticar o conhecimento em geral, e o conhecimento do senso comum em particular – uma habilidade que falta à sociologia durksoniana. Mas é uma crítica estéril do conhecimento, no sentido de que não dá e não pode dar um passo decisivo adiante na crítica da sociedade, nem na crítica da própria condição humana. Podemos bem suspeitar de que nenhuma redução fundamentalista, qualquer que seja sua direção, pode gerar tal crítica.

Por essa razão, as poucas teorias que tentaram evitar as armadilhas do reducionismo unilateral merecem atenção particular. Uma delas é a teoria de George Herbert Mead, que se baseou fortemente na visão de mundo de John Dewey. O ponto de partida dessa teoria, na formulação de Horace M. Kallen, foi o "reconhecimento de que a primeira e a última 'realidade' são fluxo, processo, duração, evento, função, e que ideias de substância imóvel e formas eternas são elas próprias mutáveis, baseadas em ideais sobre prisões passageiras e movimentos de aversão e negação".[44] A visão sociológica de Mead talvez seja aquela na qual a dialética existencialista atingiu seus limites mais extremos. Mead recusou atribuir prioridade unilateral a qualquer um dos dois polos do mais assombroso dos dilemas sociológicos. Em vez disso, ele colocou em foco o processo dialético de luta contínua e da reconciliação entre eles, como o verdadeiro ponto de partida da análise sociológica. A nosso ver, o que autoriza a classificação dessa solução como existencialista é a localização dessa dialética no horizonte subjetivo do eu, tomando a situação existencial do indivíduo como a única fonte de dados e objeto de análise.

Para Mead, nenhum dos polos – o *self* e a sociedade – pode ser reduzido ao outro. Em vez disso, ambos estão presentes, como fatores parcialmente autônomos e parcialmente cooperativos em cada unidade de experiência. Mesmo se nos conformarmos com a regra metodológica de que a informação fornecida subjetivamente é o único fundamento legítimo para a análise sociológica, ainda assim podemos, sem postular entidades estranhas à experiência primária, explanar os elementos duros e objetivos da existência e colocá-los como suas projeções. A realidade social está presente na experiência mais individual desde o início – não como uma coerção fictícia

---

[44] Natanson, *The Social Dynamics of George H. Mead*, p.vii.

A crítica da sociologia

autoimposta, ou um "outro lado" inacessível, como em alguns escritos de lista de desejos. Ela é visível da perspectiva subjetiva, como o ingrediente orgânico da atuação do eu como tal. Ambos os aspectos do eu – os notórios "mim" e "eu" de Mead – já contêm a realidade social objetiva, por mais únicos e subjetivos que possam parecer; embora, com certeza, a realidade social se introduza em cada um de uma maneira diferente e de uma forma específica. "Mim" e "eu" são dois aspectos do *self*; mas são também os dois aspectos da realidade social em que cada indivíduo nasce e enfrenta em qualquer um de seus atos. Seu "eu" nada mais é do que um sedimento duradouro de todos os atos anteriores até o momento em que o indivíduo encara a realidade como um limite situacional à sua liberdade, imediatamente presente; assim, ele contém a sociedade, embora de forma processada, individualizada, ao contrário do "mim", que é a realidade com a face descoberta, a realidade neste exato momento, ainda "se destacando" como fator externo não assimilado da ação. O confronto entre "mim" e "eu", que o indivíduo experimenta em cada uma de suas ações, é apenas o reflexo subjetivo da dialética da "situação" e sua "definição" individual. Seja qual for o modo como olhamos, é sempre a mesma coisa: a realidade já-assimilada contra a realidade-ainda-não-assimilada, ou o eu já-realizado contra o eu ainda-aberto. O que conceituamos como "sociedade" ou o *"self* subjetivo" são, portanto, duas telas gigantescas nas quais projetamos, com igualdade mas, da mesma maneira, equivocados, a única realidade existencial que é dada diretamente à experiência do indivíduo: a tensão dialética do ato social. Tanto o *self* quanto a sociedade estão incluídos nesse ato, e somente a partir de sua perspectiva eles podem ser estudados adequadamente.

Somente quando observados do ponto de vista de um ato único é que o "eu" e o "mim" se enfrentam como entidades independentes, como, respectivamente, lugares de liberdade e de não liberdade, o impulso e as suas limitações, o impulso do *self* e as suas restrições externas, a singularidade individual e as pressões uniformizantes de um "papel" socialmente estabelecido e protegido. Quando vistos em processo, como aspectos entrelaçados de uma biografia, eles perdem a sua identidade, fundem-se uns com os outros, revelam a sua relatividade e, finalmente, dissolvem-se na série infinita da contínua ação-no-mundo do indivíduo. É verdade que vivenciamos o impulso intrínseco como o componente inacabado, aberto e programático da situação, no qual o outro componente, que chamamos de "realidade social", "restrições estruturais" ou "mim", se parece muito com uma gaiola inflexível e fechada que corta arbitrariamente a trajetória de nosso voo. Mas esta verdade só se mantém enquanto o horizonte de um único ato não é transcendido. De uma perspectiva mais ampla, como a da biografia como um processo contínuo, ambos se parecem notavelmente. Na verdade, eles são, em igual medida, abertos e fechados, inacabados e concluídos, temporários e conclusivos. Qualquer diferença que sentimos em sua modalidade-para-conosco foi concedida pela capacidade estruturante do ato em questão. São as situações passadas que projetam as definições presentes. Porém, quanto à verdade da inversão da afirmação acima, Mead foi muito menos explícito. Nós não sabemos – aliás, somos incapazes de saber – se, e de que forma, as definições de hoje sedimentam em situações de amanhã. Essa parte da dialética tem sido mal tocada. Esse problema foi contornado, em vez de abordado, no simples adágio de William Isaac Thomas sobre a verdade que emana da suposição da verdade. Se, no entanto, Mead é específico e convincente ao elucidar o mecanismo real de situações-transformadas-em-definições, não houve nenhum caso forte comparável apresentado para o outro lado da dialética do *self* e da sociedade.

Essa distribuição desigual de ênfases não deveria nos surpreender. Em uma atmosfera verdadeiramente existencialista, Mead tenta desvendar os mistérios da existência do indivíduo que é sempre dada, pronta e estabelecida no momento em que o indivíduo começa a refletir sobre ela e, assim, "encontra a si mesmo" nela. O processo que levou ao estabelecimento da "borda exterior" da existência não faz parte, portanto, da experiência individual dessa existência; não pode ser examinada "de dentro", não é aberta ao escrutínio tão clara e imediatamente quanto a própria existência. Ela pode ser reconstruída, ou melhor, postulada, teorizando e abstraindo, mas nunca vivenciada com a mesma obviedade com que o outro lado – a subjetivação do objetivo – é. O objetivo de tal teoria é satisfazer a curiosidade humana sobre a "origem" de seu mundo, ao invés de dar inteligibilidade à mensagem já contida na experiência. Não se pode preservar a pureza do método e, ao mesmo tempo, atribuir ao problema da origem da realidade objetiva o mesmo estatuto epistemológico que se dá à questão da apropriação subjetiva da objetividade. Partindo de pressupostos existencialistas, Mead foi tão longe quanto é humanamente possível para transcender a oposição entre o *self* e a sociedade, e alcançar um relato unificado de uma experiência aparentemente polarizada. Mas as mesmas suposições estabelecem um limite intransponível para a sua realização. A dialética desembaraçada interna à sociologia de Mead é inerente à relação entre o *self* sempre-devir e uma sociedade já-feita. Para expor a dinâmica do *self*, Mead teve que deixar à meia-sombra a dinâmica da sociedade.

Embora se inspirem reconhecidamente no trabalho de Mead, Berger e Luckmann[45] percorreram um longo caminho para transcender essa limitação. Ao fazer isso, entretanto, eles sacrificaram boa parte da pureza metodológica e da coesão do original. Tal como Mead, Berger e Luckmann tentam desembaraçar a dialética da liberdade e da não liberdade, do *self* atuante e os limites de sua ação. Mas a sua atenção é atraída, em primeiro lugar, para o problema lançado por Mead para o pano de fundo de seu projeto central. Berger e Luckmann (o título revelador de seu livro deixa isso claro) desejam descobrir o mecanismo da construção da realidade em vez do *self*.

Eles aceitam, como fizeram outros críticos existencialistas da sociologia, que tudo o que acontece com o homem ou no homem – na

---

[45] Berger e Luckmann, *The Social Construction of Reality*.

verdade, o próprio processo de se tornar homem – ocorre na presença do mundo, no curso da interação do homem com o seu ambiente percebido como a situação de ação. No entanto, são introduzidas no processo várias suposições adicionais que pretendem facilitar a explicação de tal presença – que outras sociologias existencialistas raramente se preocupam em elevar do *status* de "dado como certo". Assim, temos a suposição tácita de alguma regularidade, a constância do ambiente que, à maneira de Homans, leva à "habituação" de padrões comportamentais. A ação frequentemente repetida deixa de ser problemática, não é mais um objeto de ponderação e reflexão ativa, e silenciosamente se move para o campo do "dado como certo", onde se torna indistinguível de outras realidades objetivas. Se a habituação das ações de A é agora retribuída por uma habituação paralela do comportamento de B, surge uma nova qualidade: as ações habituais tornam-se tipificadas, isto é, ligadas de forma nômica a situações típicas. E outra suposição: tais ações tendem a ser selecionadas para tipificação – isto é, tornam-se institucionalizadas – de modo que sejam "relevantes para todos" os atores que compartilham uma dada situação. Uma vez institucionalizadas, as ações tipificadas são refletidas de volta na consciência dos indivíduos como objetivas, inevitáveis, inexoráveis etc. O conhecimento da "sociedade" que assim advém é, portanto, uma "realização" em duplo sentido: é uma apreensão da realidade social como "realidade" e, ao mesmo tempo, a produção dessa realidade, na medida em que os indivíduos, assumindo a sua natureza objetiva como certa, continuamente agem para perpetuar e recriar a sua objetividade. É esse conhecimento que confere às instituições a aparência de coesão e harmonia de que desfrutam; a ordem do universo está nos olhos de quem vê e na ação habitual do ator.

Claramente, esse é um *insight* revelador. A ideia de que só há tanta ordem social quanto há de ação humana repetitiva e rotineira, e que não há mais "necessidade" nessa ordem do que aquela

A crítica da sociologia

continuamente gerada pela ação rotineira e o conhecimento que a acompanha, tem um efeito genuinamente emancipador. Isso significa um passo decisivo no caminho que leva da crítica da sociologia à crítica da sociedade. Ela revela a natureza partidária e comprometida do conhecimento social, que dota a rotina atual (que pode invocar para a sua legitimação nada mais que uma coincidência histórica) de validade cognitiva e dignidade normativa. Expõe o caráter seletivo desse conhecimento: ele deve ser seletivo no sentido de suprimir informações e valores que explodam a segurança de um universo fechado. Um complemento necessário do conhecimento é, portanto, a "aniquilação" – uma maquinaria destinada a liquidar conceitualmente aquilo que está "fora" do universo: se o conhecimento socialmente distribuído dá validade à realidade atual, o mecanismo da aniquilação tende a negar a validade de realidades alternativas e tais interpretações que poderiam relativizar e questionar o existente. Uma vez estabelecida, a mistura conhecimento-realidade tende a se perpetuar. Ela adquire o poder de produzir a realidade. E assim não há "realidade social" a menos que seja produzida pela conduta humana rotineira; mas não haverá rotinização da conduta a menos que esta seja apoiada pela combinação conhecimento-realidade:

> Ter uma experiência de conversão não é nada demais. A coisa importante é poder continuar levando-a a sério, manter um senso de plausibilidade. É aqui que entra a comunidade religiosa. Ela fornece a estrutura de plausibilidade indispensável para a nova realidade.[46]

Mas, na forma em que foi apresentada e defendida, a ideia acima deixa a porta apenas entreaberta para a crítica da sociedade. Para começar, todos os membros da sociedade carregam uma parcela igual de "responsabilidade" pela perpetuação da ordem social. A estabilidade da ordem repousa, em última análise, em seu acordo tácito de se comportar da maneira habitual. A ordem, em princípio,

---

[46] Ibid., p.177-8.

A crítica da sociologia

pode ser reduzida – sem resíduos – à rotina institucionalizada de uma multidão de indivíduos. Não há outros fundamentos senão esta rotina: nenhuma estrutura se eleva acima do terreno plano de um conhecimento igualmente distribuído como um sólido fulcro de estabilidade social. O drama da construção social da realidade está, do começo ao fim, representado no palco intelectual. Os membros da sociedade aparecem neste palco apenas como entidades epistemológicas, sendo irrelevantes o restante de seus atributos e, portanto, não invocados como fatores explicativos. Tendo sido construídas inteiramente de pensamento, as instituições parecem não possuir mais resistência e solidez do que o pensamento normalmente possui; ou melhor, o pensamento, sendo o material de construção, empresta sua maleabilidade a todo o edifício. Será difícil provar, neste sistema, que no processo de construção pode haver pontos sem volta, estruturas que adquirem uma nova qualidade, sedimentos que não podem ser dissolvidos simplesmente pela reforma de significados.

Um segundo ponto está intimamente associado ao primeiro: enquanto a observação de que a existência da sociedade consiste em uma estruturação contínua, e não em uma estrutura estabelecida de forma definitiva, é um *insight* poderoso do qual pode-se iniciar uma crítica devastadora à sociologia; ela sugere, de maneira verdadeiramente iluminista, a identidade da crítica da sociologia e da crítica da sociedade.

Ela reduz a tarefa de criticar a realidade social à crítica do conhecimento social. O que quer que haja de "realidade social" na condição humana depende, em cada momento particular, "continuamente", da persistência dos significados que os membros da sociedade atribuem a ela. Somos inclinados a concluir que, se a consciência reflexiva dos indivíduos, que conferem visibilidade de lógica e congruência às instituições sociais, parasse abruptamente ou se voltasse para o outro lado, a própria realidade social se dissiparia ou mudaria seu conteúdo. A situação que um indivíduo enfrenta como a limitação de sua ação nada mais é do que a definição

A crítica da sociologia

de outra pessoa, com um universo simbólico compartilhado como um eixo que conecta os dois. Nenhum outro meio é necessário para perpetuar um dado conjunto de instituições além da mitologia, da teologia, da filosofia, da ciência – e nenhum outro elemento do mundo social precisa ser refeito para substituir a realidade social por uma nova.

Terceiro e mais importante – a visão de Berger e Luckmann da construção social da realidade levanta a questão da relevância das instituições para os interesses dos indivíduos por uma simples suposição de que essa relevância, precisamente, é o fator operacional na tipificação de ações habituais. Certamente, não está claro qual é o significado que os autores atribuem à última afirmação. A "tipificação da hipótese relevante" pode ser vista como um "mito de origem", caso em que merece exatamente aquela medida de respeito e atenção que esses mitos normalmente merecem. Ela pode ser vista, por outro lado, como uma definição oculta de relevância. Nesse caso, não se deve ser iludido por sua forma pseudoempírica, mas tomá-la pelo que é – uma tautologia metodologicamente conveniente; mas, então, a questão de por que algumas ações habituais e não outras se tornam eventualmente institucionalizadas permanece sem resposta. Se, no entanto, Berger e Luckmann querem dizer literalmente o que aparentemente dizem, surge de imediato a dúvida em relação a se os indivíduos para quem ações específicas foram institucionalizadas e aqueles para quem tais ações são "relevantes" são as mesmas pessoas. Parece que justamente no espaço estendido entre essas duas categorias distintas de indivíduos se acomoda o problema da realidade social: por assim dizer, a própria experiência da realidade social decorre do sentimento de discrepância, ou incongruência, entre as instituições e a relevância. Mas esse espaço está ausente da visão de Berger e Luckmann; foi eliminado, desde o início, por um pressuposto que descarta a possibilidade de uma crítica da realidade social como um problema separado e diferente da crítica do conhecimento.

Dito tudo isso, Berger e Luckmann continuam sendo um passo ousado e decisivo em direção ao conhecimento social que, ao contrário da ciência durksoniana da não liberdade, é capaz de se transformar em uma crítica da sociedade. Tal crítica terá que abarcar, como condição e ponto de partida, uma análise minuciosa da origem social do conhecimento à maneira de Berger e Luckmann. Mas, seguramente, esta também incorporará tal crítica apenas como o seu ponto de partida.

3
A crítica da não liberdade

A razão técnica e emancipatória

Tanto a sociologia quanto a sua crítica, conforme descritas no capítulo anterior, admitem apenas um compromisso: um compromisso com a verdade, entendida, *grosso modo*, como a tarefa de descrever as coisas "como elas realmente são" e, assim, fornecer um fundamento sólido para a ação. Quaisquer outros compromissos que a sociologia ou a sua crítica possam assumir (e nós identificamos vários deles), não fazem parte do projeto e certamente não podem interferir conscientemente na estratégia da cognição. Tais compromissos são alcançados involuntariamente, iluminando de modo seletivo um ou outro aspecto da multifacetada condição humana. Eles não são procurados conscientemente; quando descobertos (e eles são descobertos apenas quando uma postura crítica foi tomada) eles são expostos como evidência de imaturidade ou falha de conhecimento, ou como sinal de seu mau uso. Mesmo assim, eles são retratados simplesmente como desvios da verdade; na maioria dos casos, compromissos extracientíficos são cuidadosamente evitados, mesmo quando os compromissos já divulgados são criticados. Há um acordo tácito entre a crítica da sociologia e o objeto de sua crítica – um acordo que

A crítica da não liberdade

ambos os lados estão ansiosos para não transgredir – para atribuir à "verdadeira descrição dos fatos" o papel não apenas do supremo, mas do único árbitro de seu debate. Em vez de expor os muitos compromissos virtuais do conhecimento social, o debate, embora veemente, reforça os cientistas sociais em sua dedicação na busca dessa verdade descomprometida, e em sua crença que tal verdade seria acessível se apenas o método de alcançá-la fosse suficientemente purificado de poluentes terrenos.

Para tal programa de conhecimento descomprometido, foi anexado o nome do positivismo, em um de seus muitos significados (a "purificação estática das paixões" – Habermas). Se o programa da ciência positiva simplesmente convida a investigar os fatos de maneira imparcial – como eles realmente são, e não como deveriam ser ou poderiam ser se não fossem impedidos – o programa do positivismo sustenta que, em primeiro lugar, o tipo de conhecimento que pode ser obtido pela ciência positiva assim organizada é o único válido e, ainda mais importante, que tal conhecimento será inevitável e sem problemas, tão imparcial e apartidário quanto a atitude dos cientistas que o produzem. Como Habermas apontou,[47] a possibilidade de tal programa estava contida, embora apenas na forma embrionária, no elogio iluminista da Razão como valor supremo e guia da prática humana no mundo. A Razão foi apresentada pelos *philosophes* como a conquistadora do preconceito dogmático, em cuja porta foi lançada a culpa pela opressiva escravidão física e espiritual que os homens sofreram durante a maior parte de sua história. Na mente dos *philosophes*, era claramente uma razão comprometida e batalhadora, totalmente imersa nos anseios humanos mais atuais, urgentes e pungentes. A causa da emancipação humana foi a base da questão do avanço da Razão. O triunfo da Razão sobre o preconceito foi, de fato, visto como a própria emancipação: a obtenção do conhecimento, assim esperavam os *philosophes*, dará aos homens

---

[47] Habermas, *Theory and Practice*, p.256 ss.

A crítica da não liberdade

controle sobre as suas vidas e os seus destinos: não haverá mediação entre o conhecimento apropriado privadamente e o controle privado, nada de subprodutos, nada de *cognitive pouvoirs intermédiaires*, nada de ossificações institucionalizadas que se erguerão, como barreiras intransponíveis e opacas, entre o homem e o seu destino. Os *philosophes* não sabiam, e não poderiam saber, que o avanço do conhecimento tecnicamente especializado e instrumentalmente eficiente iria, mais cedo ou mais tarde, prenderia os homens a um imenso mundo artificial do qual eles dependeriam materialmente, mas que não dependeria de sua capacidade de penetrá-lo e abraçá-lo espiritualmente. Os *philosophes* não suspeitavam de que a Razão que eles apresentavam iria coagular em uma nova servidão que a ciência de orientação técnica seria capaz apenas de reforçar, e que colocaria na agenda um repensar fundamental do tipo de conhecimento que o homem precisará para controlar o seu destino. Dificilmente se podem culpar os *philosophes* pelo fracasso dessa previsão. Eles articularam o projeto de emancipação nos únicos termos que a experiência de sua época havia fornecido. A ciência positiva, engajada em uma batalha mortal contra o preconceito dogmático, era o único nome disponível em seu tempo para a Razão comprometida com a tarefa da emancipação humana.

O positivismo alimentou-se precisamente do que havia sido a forma historicamente limitada, temporária e transitória do chamado do Iluminismo às armas. Ele separou cuidadosamente a forma do conteúdo para o qual foi projetado para servir. Os meios foram promovidos com entusiasmo à categoria de fins autotélicos. O compromisso com a emancipação, o envolvimento prático que forneceu o combustível com o qual a Razão foi lançada em sua órbita espetacular, foi deixado lentamente em segundo plano, onde poderia ser examinado apenas em ocasiões cerimoniais, mas raramente lembrado na rotina diária. Imperceptível, mas inevitável, o compromisso como tal veio a ser identificado com um desvio mórbido do caminho escolhido para conduzir à única verdade digna desse nome; como um ressurgimento do mesmo preconceito dogmático, que a busca da verdade positiva pretendia vencer. Entre os compromissos extracientíficos amontoados no campo condenado, logo foi encontrado espaço para qualquer compromisso com a emancipação humana que visse além da ciência positiva instrumentalmente orientada, em busca de uma alavanca mais poderosa da liberdade humana.

A diferença essencial entre o Iluminismo e a Razão positivista era aquela entre a abertura e o fechamento, entre o postulado esperançoso e a descrição conservadora. Para os *philosophes*, a Razão era – parafraseando Santayana – uma faca com o fio pressionado contra o futuro: um projeto de luta por vir, dirigido contra o preconceito, a ignorância, o dogmatismo encarnado na obediência servil ao presente, e pelo presente ao passado, do qual descendia. Eles viam a Razão como um cavaleiro andante da virtude, que ousadamente, talvez até imprudentemente, desafiou os poderes esmagadores da irracionalidade, congelados na servidão e no terror humanos. Foi a não razão que se fortaleceu nas trincheiras da realidade humana "aqui e agora". Para expulsá-la dali, a Razão deveria ser crítica da realidade humana, considerá-la de uma perspectiva autônoma para assumir o ponto de vista de uma realidade futura melhor; deveria ser, em outras palavras, voluntária e conscientemente comprometida com o ideal utópico, iconoclástico. Todas essas autodenominações positivistas altivas foram transformadas em invectivas pela Razão. De sua posição privilegiada, elas se tornaram atributos da não razão que a Razão tem a tarefa de destruir. Se a modalidade do futuro é caracterizada pela liberdade aliada à incerteza, e a modalidade do passado é marcada pela mistura da certeza com a não liberdade – pode-se dizer que a Razão, lançada pelo Iluminismo no molde "futuro", foi lançada novamente pelos herdeiros positivistas do Iluminismo, no molde do passado.

A espantosa transformação da Razão na sua via do Iluminismo para os seus herdeiros positivistas possui, de fato, pouco mistério. Foi apenas mais um caso da regra bastante bem conhecida, cujas manifestações podem ser facilmente observadas sempre que uma

A crítica da não liberdade

utopia "se transforma" em realidade: o que ela perde irremediavelmente no processo é a sua aresta crítica. Holbach poderia, sem muitos receios, subintitular a sua obra principal "Leis do mundo físico e do mundo moral" – não porque ele desconhecesse a distinção entre os fatos e as normas, mas porque (uma circunstância que alguns desejam esquecer) o denominador comum, que ele invoca para legitimar a conjunção, não é a "realidade objetiva", mas a razão. Era a Razão que dava sentido ao explicar ao mesmo tempo as leis físicas e morais. Em parte – no mundo físico – a razão já havia se identificado com a realidade graças ao fato de que a Natureza não exigia qualquer mediação humana informada para "estar em harmonia consigo mesma", para fundir a sua potencialidade e a sua atualidade.

Tendo se dissolvido nas obras da Natureza, a Razão poderia ser apenas "lida" a partir daí. O aprimoramento da Razão e o aprendizado dos fatos da Natureza eram, reconhecidamente, uma e mesma atividade. No mundo moral, porém, a Razão residia apenas como uma potencialidade, como um postulado, como um mandamento, um programa utópico para o futuro, ainda esperando para ser abraçado por homens iluminados e convertido em realidade. A prática comprometida e informada de valores no domínio ético era, portanto, o parceiro natural e equivalente do estudo sem viés e imparcial da Razão encarnada na Natureza não humana. Se um positivista tivesse fornecido a seu livro o subtítulo de Holbach, certamente teria inserido outro significado na mesma conjunção. O mundo físico e o mundo moral pertenceriam, para ele, à mesma classe, não porque ambos estejam ou devam estar subjugados à Razão, mas porque ambos são realidades, esperando para serem estudados da mesma forma imparcial, desprendida e desinteressada. Mas, então, em sua encarnação positivista, a Razão declara seu desinteresse pelas potencialidades humanas não realizadas e a sua incapacidade para discuti-las: é somente aí que fatos e valores se separam de uma vez por todas. Com a Razão forçada a abdicar dos direitos de criticar e relativizar

A crítica da não liberdade

a realidade humana, os homens são obrigados, quer queiram ou não, a buscar as alavancas de sua emancipação em outro lugar. Mas esse "outro lugar" foi condenado desde o início como o domínio do erro e do preconceito, chamado de partidarismo, ideologia, utopia. Tendo sido outrora a arma da emancipação, a Razão se transformou em sua adversária. Entretanto, quanto mais tem êxito em rejeitar e repudiar os esforços de emancipação, menos desafiado é o domínio de charlatães e curandeiros sobre a intratável busca humana por um mundo melhor. A questão é, portanto, se a Razão Iluminista ainda contém uma mensagem que pode ser recuperada para informar a tarefa da emancipação humana na era moldada – material e espiritualmente – pela civilização científica; se, em outras palavras, Razão e Emancipação, há muito divorciadas, podem ser reunidas novamente; se a Razão, enriquecida, mas modificada por dois séculos de explosão científica, pode agora reivindicar seu poder crítico e a potência para informar a emancipação humana.

O próprio sucesso das ciências positivas, o tremendo aumento da capacidade técnico-instrumental da humanidade, manifestou-se no surgimento de uma civilização tecnológica que, construída de unidades altamente especializadas e autônomas, destacou-se de sua fonte: da atividade humana informada e dirigida a um objetivo; e que não requer, para a sua sobrevivência e crescimento, ser penetrada em sua totalidade pela consciência humana e refletida no conhecimento universalmente distribuído. Ela tornou-se, portanto, "como" a natureza, no sentido de ser independente do conhecimento e da consciência humanos – pelo menos, de tais conhecimentos e consciência que se refletem diretamente sobre ela como uma totalidade, a fim de orientar sua atividade. A ciência positiva, contribuindo para a habilidade especializada técnico-instrumental, só pode acrescentar mais tijolos ao muro cognitivo que separa o sistema autônomo da civilização dos homens, que dele dependem cada vez mais para a sua existência. O positivismo, lutando para assegurar para tal ciência a posição de conhecimento monopolista, dá ainda mais continuidade

A crítica da não liberdade

à dependência humana, marcando com infâmia todas as tentativas de tornar a parede penetrável ao olho humano. Parece, portanto, que o interesse da emancipação humana, o desejo de controlar conscientemente o curso da história humana, pode não ser adequadamente atendido se a atitude cognitiva informada de maneira positivista retiver o seu monopólio. Nas palavras de Habermas:

> isso só pode ser alterado por uma mudança no próprio estado de consciência, pelo efeito prático de uma teoria que não melhora a manipulação das coisas e das reificações, mas que, ao contrário, avança o interesse da razão pela maturidade humana, pela autonomia da ação e na libertação do dogmatismo. Isso ele atinge por meio das ideias penetrantes de uma crítica persistente.

A questão é, entretanto, como tal crítica pode legitimar-se dentro de uma civilização informada pela linguagem positivista em ascensão.

Mais uma vez, como nos tempos do Iluminismo, a razão que pretende ser crítica e, assim, auxiliar e promover o processo de emancipação, tem de enfrentar o senso comum como seu adversário mais poderoso. Com o senso comum refletindo a falta de autonomia que define a existência cotidiana, é a razão, aspirando à responsabilidade adulta e à libertação da ação humana, que está sujeita ao ridículo e à refutação com base em evidências. Há pouco na experiência do senso comum que possa garantir a esperança. Ao contrário, a totalidade da rotina cotidiana parece expor a sua ingenuidade e desacreditar suas promessas. À razão emancipatória, desde o início, é negado o benefício da evidência espontânea e desorganizada, comparável àquela desfrutada pelo senso comum. Ela parece, portanto, infundada, desenraizada, mutilada por todas aquelas fragilidades que o senso comum, articulado no positivismo, põe como o mais odioso dos pecados que o conhecimento pode cometer – a fantasia, o utopismo, o irrealismo. De fato, para legitimar as suas reivindicações, essa razão deve ir além do senso comum e desafiar a própria existência cotidiana que torna o senso comum tão serenamente, senão insensatamente seguro de sua retidão. A razão emancipatória não compete simplesmente com outras teorias, que, como a ciência da não liberdade ou a sua crítica, tentam apenas articular o que a experiência do senso comum informa aos homens de qualquer maneira. Ela nega imprudentemente a validade da própria informação, retratando-a como inconclusiva, parcial, historicamente limitada, como reflexo de uma existência mutilada, decepada, truncada. A sua luta não é com o senso comum, mas com a prática, chamada realidade social, subjacente a ela. A razão proclama que a própria realidade é falsa. O seu argumento contra o senso comum é, portanto, não que o senso comum erre (o senso comum nada tem contra ser corrigido; ele também se esforça para ser coeso e desfruta da sensação de estar em harmonia com a lógica), mas que, na verdade, relata uma experiência que, em si, é falsa, pois nasceu da supressão do potencial humano. A consciência do senso comum, assim considerada, não é falsa; mas reflete fielmente a existência que desmente o genuíno potencial humano. Portanto, a razão emancipatória vai além da crítica meramente epistemológica do senso comum.

A razão emancipatória vagueia por regiões que o seu homólogo positivista declarou estritamente fora dos limites. Ela se coloca para revelar os fatores responsáveis pela unilateralidade, a seletividade da experiência humana e os "fatos" que ela fornece. Ele assume que o "preconceito" que os *philosophes* combateram não está enraizado nas deficiências das faculdades cognitivas humanas. Suas raízes alcançam muito mais fundo, na própria estrutura das condições humanas. Se a razão positivista encontra o senso comum de forma crítica apenas no campo de batalha cognitivo, se ela castiga o senso comum por não ser suficientemente metódico, por tirar conclusões erradas de evidências corretas – a razão emancipatória não o culpa por erros de julgamento. Em vez disso, e muito mais dolorosamente, a razão emancipatória questiona a admissibilidade da própria evidência sobre a qual os julgamentos do senso comum são feitos.

A crítica da não liberdade

É a própria realidade social que torna a consciência do senso comum falsa – mesmo quando resultante de uma reflexão fiel e correta. Tal atitude iconoclasta não pode deixar de despertar uma feroz resistência. Se aceita, certamente colocará em dúvida a virtude do senso comum, frequentemente identificado com a sabedoria, e diminuirá a força e a atratividade de suas crenças. Ela "desnaturalizará" o que o senso comum admite como natureza, fará do inevitável uma questão de escolha, transformará a necessidade sobre-humana em um objeto de responsabilidade moral e forçará os homens a questionar o que foi irrefletidamente, e muitas vezes convenientemente, aceito como fatos brutos e imutáveis. Ela rasgará em pedaços o escudo confortavelmente ajustado, que deixa tão pouco ao alcance da decisão e responsabilidade humanas. Ela pode muito bem tornar insuportável a mesma condição humana que o senso comum tenta arduamente – e com sucesso – tornar tolerável.

É graças ao senso comum que o homem:

> sabe quem é. Ele se sente conformado. Ele pode se conduzir "espontaneamente", porque a estrutura cognitiva e emotiva firmemente internalizada torna desnecessário ou mesmo impossível para ele refletir sobre possibilidades alternativas de conduta [...] As definições socialmente disponíveis de tal mundo são consideradas como "conhecimento" sobre ele, e são continuamente comprovadas para o indivíduo por meio de situações sociais nas quais esse "conhecimento" é dado como certo. O mundo socialmente construído torna-se o mundo *tout court* – o único mundo real, tipicamente o único mundo que se pode conceber seriamente. O indivíduo é, assim, libertado da necessidade de refletir novamente sobre o significado de cada passo na sua experiência em desenvolvimento. Ele pode simplesmente se referir ao "senso comum" para tal interpretação [...][48]

O que o homem perde na amplitude de seus horizontes cognitivos e na medida em que suas potencialidades internas podem ser realizadas, ele certamente ganha em segurança emocional. Ele obtém uma impressão ilusória, mas recompensadora, do significado de seu

---

[48] Berger, Identity as a Problem in the Sociology of Knowledge, p.275-6.

mundo, limitando severamente a parte dele que espera possuir o significado. Ele adquire a habilidade de lidar com as duras realidades do mundo público porque acredita, como lhe dizem, que é responsável apenas por seu estreito mundo privado. Ao acreditar dessa forma, ele não erra; sua consciência é falsa apenas "por aproximação", na medida em que a sua condição real falsifica suas verdadeiras potencialidades. Há, de fato, uma correspondência bidirecional entre a situação humana e a sua reflexão de senso comum. É graças a essa correspondência que o senso comum é cognitivamente satisfatório e pragmaticamente eficaz. Nessa dupla utilidade, ela é confirmada e reforçada por aquele tipo de ciência social que codifica e articula a renúncia conveniente. Como disse Henry S. Kariel:

> assim como o sonho de um iceberg flutuando nos mantém adormecidos quando nosso cobertor escorregou da cama, o relato da ciência política de que a apatia é uma função do sistema político saudável nos reconcilia com a exploração de parte do corpo político. Cientistas políticos revelam, de forma consoladora, que, o que quer que aconteça, não se trata "realmente" de um acidente. Eles revelam a existência de padrões subjacentes – padrões assumidos como estando na natureza, impostos pelo Destino, pela História, pela Racionalidade ou pela Lógica dos Eventos. Baseando-se nos sentimentos metafísicos de Einstein, eles assumem que Deus não joga dados. Como as grandes obras de teologia e arte, suas racionalizações preenchem uma necessidade humana: elas tornam nossa existência tolerável. E como as grandes conquistas da teologia, eles ajudam a implementar o que os poderosos alegam ser o consenso.[49]

Na luta contra a realidade protegida pelo senso comum, a razão emancipatória parte de uma posição de desvantagem, devendo reavivar as angústias e a aterradora incerteza do destino humano que o senso comum de forma tão consoladora põe em repouso, ou fecha hermeticamente.

Ao contrário do conhecimento instrumentalmente motivado, a razão emancipatória não promete facilitar as tarefas que o senso

---

[49] Kariel, *Open Systems*, p.86.

A crítica da não liberdade

comum se esforça para cumprir: as tarefas de fazer o melhor do mundo "dado", em toda a sua obviedade deslumbrante, na experiência mais elementar. Ela não se oferece para auxiliar o senso comum em seu esforço de processar e sistematizar adequadamente os suprimentos de experiência de informação aparentemente inconfundíveis. Em vez disso, dá um conselho que pode, se levado a sério, pulverizar as sólidas paredes do aconchegante mundo cotidiano: propõe, com toda a seriedade, uma atitude irônica em relação à própria experiência completa com os "fatos" alegadamente inabaláveis que ele fornece. Se o senso comum pede aos homens que acreditem em "leis da natureza" que a razão emancipatória acha difícil aceitar, a reação não se limita a reexaminar o método de coleta de fatos do senso comum e a lógica do raciocínio do senso comum. Inevitavelmente, ela atinge a "experiência" que fornece tais fatos e estimula tal raciocínio. Ela questiona o caráter "natural" da suposta "natureza". O distanciamento irônico do senso comum que a razão emancipatória propõe e cultiva, tem a sua lâmina afiada voltada contra a realidade social, e não contra as faculdades cognitivas ou morais humanas.

É por essa razão que a crítica que visa a emancipação está destinada a considerar o senso comum como um obstáculo. O senso comum só pode cumprir suas funções cognitivas e emocionais na medida em que tem êxito em fechar os olhos para as "realidades alternativas". Todo o poder de convicção que o senso comum pode carregar repousa, em última análise, na suposição de que a realidade transmitida pelo senso comum é a única realidade, enquanto o senso comum é o único canal pelo qual informações sobre ela podem ser obtidas: a realidade é só uma, e o senso comum é o seu porta-voz. O senso comum, auxiliado pela ciência de orientação técnica que transforma as suas descobertas em conhecimento utilitário, não poupa, portanto, esforços para expor e desmascarar os "falsos profetas" de realidades alternativas. Como vimos, a linguagem técnico--científica oferece algumas categorias que foram cunhadas com esse propósito em mente. Uma "realidade possível", incapaz de produzir um certificado de viabilidade emitido pela experiência, é tachada de irrealista, irracional ou utópica – dependendo do contexto. Ao contrário, a razão emancipatória só pode reivindicar a sua legitimidade na condição de que a única realidade da qual a experiência do senso comum nos informa não tenha mais fundamento do que uma coincidência histórica pode dar, e de modo algum possa ser considerada como a única que é possível e concebível. Em particular, ela percebe a limitação do leque de possibilidades sinalizada pelo senso comum como um mero reflexo das limitações impostas à ação humana pela mudança da prática histórica. Nem um nem outro são definitivos e irreparáveis. Para descobrir tipos alternativos de prática que foram suprimidos e temporariamente eliminados pelo curso único da história feita pelo homem, é preciso primeiro aceitá-los como uma possibilidade, e isso requer uma refutação hipotética da finalidade da evidência do senso comum.

A razão emancipatória está em conflito com o senso comum (e aquele conhecimento técnico-instrumental que compartilha seu ponto de vista filosófico) em outro aspecto vital. Tendo aceitado a realidade historicamente realizada como a única fonte de conhecimento legítimo, o senso comum, juntamente com a ciência derivada, limita seu reconhecimento de escolha ao que é posto como "consentimentos decisórios" em um processo determinístico. O positivismo nega à ciência o direito de discutir os "fins"; na verdade, essa abstenção voluntária de ir além do domínio dos meios, de ver a discussão de valores como o seu objetivo, de fazer perguntas sobre os "fins da história" ou o "sentido da existência humana" – todos esses aspectos da autoimposta modéstia definem aquela ciência que o positivismo reconhece como a única forma de conhecimento válido. Mas a distinção entre os fins e os meios, que delineia os limites da busca científica, nada mais é do que um reflexo da linha divisória entre coisas controladas e coisas fora de controle, novamente, tal como traçada por aquela realidade social que foi historicamente realizada. Na vida social, os "meios" referem-se a atividades ou a seus

A crítica da não liberdade

aspectos que foram deixados flexíveis e que podem e devem ser direcionados por escolhas humanas. Os "fins", por outro lado, são estados ou mudanças em grande escala que não são, pelo menos não diretamente, um objeto de decisão deliberada feita por pessoas específicas. Eles estão localizados no nível dessa totalidade social que ganhou independência da atividade humana consciente e intencional. Se os homens se tornam objetos de tal decisão, a ciência, como no caso dos senhores carismáticos weberianos da burocracia orientada para os meios, não pode interferir, nem ajudar. Quanto ao processo histórico como um todo, seus fins podem ser descritos teoricamente como consequências remotas de decisões seccionais minuciosas. Mas eles não figuram nessas decisões como motivos "a fim de". Eles seguem tais decisões de maneira *a fortiori* inescrutável, cuja lógica só pode ser penetrada em retrospecto.

O conhecimento orientado para interesses técnico-instrumentais não tem, por assim dizer, ferramentas para analisar e selecionar os "melhores fins". Em vez disso, localiza os fins dentro da realidade que toma como certa, como dada, como ponto de partida de toda investigação. Da mesma forma, tal conhecimento segue o senso comum ao atribuir implicitamente aos fins um *status* semelhante à inevitabilidade. Eles não são considerados uma questão de escolha; eles são, no mínimo, o critério supremo de todas as outras escolhas menores e mais limitadas. A realidade social é historicamente construída de modo a impedir que algumas questões importantes se tornem objeto da consideração e decisão deliberadas dos homens. O senso comum reflete essa estrutura da realidade social ao impedir que os homens encarem essas questões como objetos de sua responsabilidade e decisão. Em vez disso, o processo da vida e seus reflexos intelectuais são divididos em uma infinidade de decisões minúsculas e relativamente inconsequentes, sendo que nenhuma destas está prática ou intelectualmente relacionada de forma direta aos principais dilemas da condição humana. Assim, o senso comum apresenta como uma necessidade supra-humana o que a realidade social já colocou fora do domínio do controle humano. Nesse aspecto, como em tantos outros, a realidade social e o senso comum se apoiam e se reforçam mutuamente. O homem se abstém da rebelião, e a realidade social, em troca, o impede de enfrentar situações que podem ocasionar aquele sentimento de incerteza totalmente desagradável e atormentador. Como diria o Martin, de Voltaire: "*Travaillons sans raisonner... C'est le seul moyen de rendre la vie supportable.*"

E, assim, o conhecimento técnico-instrumental não possui nenhuma das ferramentas que seriam necessárias caso se quisesse avaliar os fins com o mesmo grau de certeza e precisão com que esse conhecimento avalia as ações definidas como meios. O conhecimento técnico-instrumental admite de bom grado a sua incompetência. Mas, ao mesmo tempo, nega a possibilidade de qualquer outro tipo de conhecimento emitir veredictos de autoridade sobre as questões que evita discutir. Privado de uma metodologia mais sofisticada e advertido contra ideias que possam estender a sua imaginação além dos limites da realidade imediata, o senso comum obviamente optará pelos únicos fins que podem produzir evidência de sua "realidade" – ou seja, aqueles fins que são tecidos na realidade social em si e, portanto, aparece ao indivíduo como uma necessidade externa. A ciência então concordará com o senso comum em que a "satisfação das necessidades humanas" fornece o limite final e totalmente apartidário para o campo dos assuntos humanos, que podem ser instrumentalizados e assim julgados, servidos e aperfeiçoados pela ciência. Mas não as próprias necessidades humanas – que são apenas dadas e que se esperaria monotonamente nos lembrar de sua presença obstinada, aconteça o que acontecer na esfera instrumental. O que não foi dito é que essas próprias necessidades são, a longo prazo, um produto cultural, isto é, não natural (com a exceção das poucas necessidades "fisiológicas", orgânicas, cuja discussão faz, no entanto, pouco sentido prático, uma vez que em toda cultura conhecida, elas são concebidas teoricamente em vez de aparecerem em sua forma pura e sem adornos).

A crítica da não liberdade

É verdade que até muito recentemente as necessidades humanas entravam nas relações humanas como pontos de partida indiscutíveis, e não como objetos de manipulação intencional. Elas foram, no entanto, resultados da ação humana, embora uma ação não controlada pela compreensão e não informada pelo conhecimento antecipado. Uma vez estabelecidas, elas entram, na forma de expectativas e demandas, em uma relação de retroalimentação com a realidade social, que por sua vez lhes empresta um pouco de sua aparência de inevitabilidade. A resultante atitude de senso comum de tomá-las como certas contribui ainda mais para seu entrincheiramento, e obscurece ainda mais o fato de sua origem humana, historicamente contingente. Isso significa, na prática, que a chance de submetê-las a um controle humano consciente e informado torna-se ainda mais remota, e a linguagem positivista alimentada pelo senso comum, que nega o direito da razão crítica de avaliar as necessidades humanas, é parcialmente culpada pelo perpetuação desta situação. Ao endossar o expediente de dividir questões existenciais em uma pletora de decisões cotidianas estreitamente circunscritas e de curto alcance, a ciência, orientada para o interesse técnico e supostamente voltada para a racionalização da ação humana, propaga involuntariamente a irracionalidade do processo histórico – embora apenas por omissão. Citando novamente Habermas:

> A irracionalidade da história está fundada no fato de que nós a "fazemos" sem que, até este momento, possamos fazê-la com consciência. Uma racionalização da história não pode, por isso, ser promovida apenas por um poder de controle ampliado de homens que trabalham, mas apenas graças a um alto nível de reflexão, em virtude da consciência de homens ativos que avançam em direção à emancipação.[50]

Em resumo – a razão emancipatória entra em conflito com o senso comum em três frentes cruciais: ela se propõe a "desnatura-

---

[50] Habermas, *Theory and Practice*, p.275-6 [trad. Rúrion Melo para a edição brasileira: *Teoria e práxis: estudos de filosofia social*. São Paulo: Editora Unesp, 2013, p.498].

A crítica da não liberdade

lizar" aquilo que o senso comum declara ser a natureza humana ou social; ela expõe e condena a rejeição de senso comum de realidades alternativas; e tenta restaurar a legitimidade daquelas questões existenciais que o senso comum, seguindo a situação histórica humana, pulveriza em uma multidão de miniproblemas que podem ser articulados em termos puramente instrumentais. Em vista dessas divergências, a razão emancipatória não pode se conformar – verdadeira ou falsamente – corrigindo o senso comum e aprimorando a sua sofisticação teórica, como faz a sociologia durksoniana; nem pode se contentar em direcionar suas luzes de busca para o próprio senso comum, a fim de explorar a gramática geradora de crenças que o senso comum apresenta como trivialmente óbvia, como fizeram os críticos da sociologia inspirados pelo existencialismo. Ele não pode deixar de questionar a realidade que o senso comum se esforça fielmente para refletir – e, portanto, de minar a própria base da autoridade do senso comum como uma fonte confiável de conhecimento verdadeiro.

Pode-se apontar um denominador comum em todos os três grandes pontos de controvérsia entre a razão emancipatória e o senso comum: ou seja, o conflito entre a perspectiva histórica e a perspectiva natural. A razão emancipatória só pode provar seu ponto se conseguir reorganizar o conhecimento experiencial em termos de sua estrutura verdadeiramente histórica. E é precisamente uma tendência intrínseca para postular o histórico como natural (ou seja, atemporal), que fornece ao senso comum seu princípio cognitivo mais crucial. De fato, não é apenas o primeiro ponto de desacordo que só faz sentido se visto no contexto desse conflito supremo; o mesmo se aplica às duas questões restantes da disputa. O caso de uma realidade social específica ser incontestável e imutável em um ou outro de seus aspectos não poderia ser seriamente sustentado se essa realidade fosse avaliada como historicamente contingente. E a multiplicidade de miniquestões tende a se cristalizar em grandes problemas existenciais imediatamente (e somente quando)

A crítica da não liberdade

as questões de sua origem histórica são colocadas seriamente e, consequentemente, a suspeita de sua transitoriedade histórica é solidamente fundada.

É esta perspectiva histórica que nos permite transcender a oposição entre os dois polos da experiência humana pré-predicativa (definição e situação, motivos e constrangimentos, controle e sistema), sobre o qual a controvérsia supostamente fundamental entre a sociologia durksoniana e a sua crítica existencialista é fundamentada. Na verdade, os polos de ação do ator e da situação são contrapostos como agentes mutuamente independentes e forças dissonantes apenas se examinados no quadro de um ato único, ou de um conjunto de atos idênticos. A autonomia dos polos desaparece, porém, se os estreitos horizontes cognitivos são rompidos, e o ato passa a ser visto como um elo de uma cadeia histórica. O que transparece então é o fato de que os polos estão indissoluvelmente ligados entre si e, de fato, constituem-se mutuamente.

O que queremos dizer aqui é a constituição como processo histórico – não a constituição "cognitiva", facilmente reconhecida pela sociologia que não tem utilidade para a historicidade: esta última é a verdade trivial de que a situação e a sua definição são inconcebíveis isoladamente uma da outra. O reconhecimento dessa verdade trivial não está de forma alguma relacionado com a disposição ou a indisposição de olhar para além do limite de um único evento, em direção aos homens como agentes históricos. Requer apenas a aceitação muito mais simples do ator como um agente epistemológico, que se apropria ou postula a aparência da realidade trazida à tona por suas intenções, motivos ou trabalhos intelectuais. Como vimos, a única forma em que o tempo e o processo são admitidos nesse quadro é o passado biográfico do ator. Mas tal história individualizada é uma alavanca muito fraca para levantar a barreira que separa os dois polos da estrutura de ação; o outro polo, centrado na situação, é tão autônomo em relação à biografia do ator quanto é em relação às intenções de momento do ator.

Não é assim no caso de uma constituição verdadeiramente histórica. Aqui, a justaposição entre o ator e a sua situação é reduzida ao seu *status* adequado – uma foto momentânea de um processo no qual os homens desempenham ambos os papéis tão claramente distinguidos em um único ato – o de sujeito e o de objeto da história. Essa unidade dialética de ambos os lados da experiência humana foi admiravelmente expressa por John R. Seeley:

> O que se perde de vista nesse modo de falar é, novamente, que o princípio de inclusão não é "dado" (como a relação da célula do fígado com aquele fígado e aquele corpo no qual o fígado se encontra), mas "atuado"; que o que está em jogo é uma lealdade, não um *locus*; que, embora existam consequências de direção dupla, de modo que nem os soldados nem o exército sejam conceitual ou praticamente independentes, as relações não são de implicação lógica (como nas partes dos triângulos), nem de necessidade (como no corpo-célula), nem mesmo uma conveniência imperecível.[51]

Se, por casualidade, forem relações históricas, então a oposição do ator e de sua situação, em vez de passar pela realidade definitiva e pré-teórica da qual toda investigação deve partir, torna-se ela mesma uma ocorrência a ser explicada e, acima de tudo, questionada. Quaisquer que sejam os constrangimentos insuperáveis que a situação do aqui-e-agora possa acarretar, ela revelará então a sua verdadeira natureza: a dos sedimentos de ações e escolhas passadas.

A "segunda natureza" vista historicamente

Até o momento, nenhuma teoria foi além da sociologia marxista na elucidação da contingência histórica das alegadas condições naturais da existência humana. A sociologia marxista localiza a ciência da não liberdade e os seus críticos existencialistas como partes das

---

[51] Seeley, Thirty-Nine Articles: Toward a Theory of Social Theory, p.168-9.

mesmas condições historicamente limitadas e, dessa forma, abre a possibilidade de sua transcendência criativa.

O argumento de Marx contra Adam Smith[52] pode ser considerado um típico exemplo do método da crítica. Smith, de forma muito semelhante à sociologia durksoninana e seus críticos, "naturaliza" as condições históricas da existência humana. O capital, os preços, a troca, o interesse privado etc. são elementos que ele vê como pré--condições do processo da vida, como "fatos objetivos" dos quais qualquer processo da vida, assim como o seu estudo, está destinado a começar. Marx questiona essa suposição:

> A dissolução de todos os produtos e atividades em valores de troca pressupõe a dissolução de todas as relações pessoais fixas (históricas) de dependência na produção, bem como a total dependência dos produtores uns dos outros. A produção de cada indivíduo depende da produção de todos os outros; e a transformação de seu produto nas necessidades de sua própria vida é (igualmente) dependente do consumo de todos os outros. Os preços são antigos; a troca também; mas a crescente determinação dos primeiros pelos custos de produção só se desenvolve plenamente, e continua a desenvolver-se cada vez mais completamente, na sociedade burguesa, a sociedade da livre concorrência. O que Adam Smith, à verdadeira maneira do século XVIII, coloca no período pré-histórico, o período que precede a história, é antes um produto da história.

É a dependência do indivíduo da multidão anônima em relação a outros membros da sociedade que lhe aparece como "necessidade social", como a "situação objetiva", contra a qual ele é obrigado a medir seus próprios motivos e intenções, e que lhe fornece os únicos critérios "objetivos" de racionalidade desses motivos. Mas essa aparência é, em si, uma criação histórica. Ela emergiu em algum momento da história em que a sociabilidade humana, o "estar-com-os--outros", deixou de se manifestar como relações que – assim como as relações pessoais – poderiam ser, em sua totalidade, apropriadas cognitivamente pelos indivíduos envolvidos. Com a extensão das

---

[52] Marx, *Grundrisse*, p.156 ss.

relações de troca, a rede de dependência transcendeu o campo estreito que o indivíduo poderia controlar conscientemente enquanto indivíduo, em encontros face a face, pessoa a pessoa. Tais encontros tornaram-se agora pequenos setores de grandes totalidades cujos alcances mais distantes se dissolveram na obscuridade de dependências desconhecidas e invisíveis. Para serem bem compreendidas, elas agora deveriam ser encaixadas cognitivamente em uma grande rede de relações: uma façanha intelectual que não poderia ser realizada sem a construção teórica de um modelo que tornasse inteligível o que não era empiricamente acessível. Para serem controlados, foi necessário que os indivíduos humanos transcendessem a sua situação enquanto indivíduos – a situação em que permanecem em sua rotina diária – e conscientemente reivindicassem a sua vida em grupo, correspondente ao campo de suas dependências. E assim foi criada uma lacuna entre as atividades criativas e de apropriação do indivíduo, entre ser-para-os-outros e ser-para-si-mesmo, entre o impulso de autorrealização individual e as condições de sua própria sobrevivência. A lacuna é percebida como um choque permanente entre o interesse privado e a realidade social. Ela deve ser preenchida cognitivamente por uma ideologia – que, como o campo de dependências que tenta tornar compreensível – deve transcender os dados imediatos na experiência cotidiana do indivíduo.

Assim, em oposição aos seus seguidores primitivos, assim como os seus igualmente primitivos e superficiais críticos, Marx não reduziu a vida social à economia, dessa forma oferecendo outra versão da "ciência da não liberdade". Ao contrário, ele reduziu a economia ao seu conteúdo social; ele reescreveu a economia política como sociologia, e a sociologia como história. Foi apenas como resultado de um desenvolvimento histórico específico, talvez singular, que as dependências econômicas ganharam ascendência sobre todas as relações humanas; que elas apareceram como condições objetivas e inflexíveis da existência humana, e os limites em última instância da liberdade humana; que elas se cristalizaram, em outras palavras, na "realidade social objetiva", uma "segunda natureza". É apenas porque, com o objetivo de existir, ele moveu-se em uma rede de dependências que não pode nem examinar, nem controlar, que o indivíduo tornou-se "privatizado" ("privado" é um antônimo para "público"), que ele teve que olhar seu próprio interesse na sobrevivência como ameaçado e condicionado por outros indivíduos sem rosto, a quem ele encontra apenas como uma oblíqua e inescrutável "realidade objetiva".

> O interesse privado já é, em si, um interesse socialmente determinado, que pode ser realizado apenas dentro de condições estabelecidas pela sociedade e com os meios providos pela sociedade; assim, ele está destinado à reprodução dessas condições e meios.

E ainda mais importante:

> O caráter social da atividade, assim como a forma social do produto, e a participação dos indivíduos na produção, aparecem aqui como algo estranho e objetivo, confrontando os indivíduos, não como nas suas relações mútuas, mas como na sua subordinação às relações que subsistem de forma independente deles e que emergem de colisões entre indivíduos mutuamente indiferentes.

A opacidade das instituições sociais, a ilusão de ótica de sua autonomia, ocorre paralelamente a seu afastamento para muito além do alcance da experiência do senso comum. As modalidades individuais de produtor e consumidor ainda são visíveis a partir da perspectiva do senso comum, mas não a ligação que os conecta. Todo o vasto espaço social que se estende e faz a mediação entre o esforço produtivo e a satisfação do consumidor entra no domínio da experiência do senso comum apenas na forma de "valor de troca" e do "dinheiro" – o primeiro, representando e ocultando a intrincada teia da dependência do indivíduo nas atividades de outros; o segundo, sintetizando o poder que o indivíduo pode possuir sobre essas atividades. A única informação que o senso comum oferece em tais circunstâncias é que, com mais dinheiro, o indivíduo pode se apropriar de mais valores de troca. O único conselho que o senso comum pode fornecer é que o indivíduo deveria tentar, da melhor maneira possível, obter mais poder (= dinheiro), a fim de obter mais liberdade (= valores de troca à sua disposição e, portanto, subjugados e domesticados). As relações de produção, de troca e de apropriação obtiveram o papel crucial, determinante e natural que possuem na sociedade baseada no mercado, não por causa de alguma "primazia" mítica da economia sobre o resto das relações sociais, mas porque elas, em primeiro lugar, foram retiradas do controle humano imediato e consciente e, portanto, tornaram-se independentes daquelas pessoas cujas atividades constituem a sua única substância. Elas ainda não são nada além da soma total de uma multiplicidade de interações humanas. Mas, para cada único indivíduo que participa dessas interações, elas aparecem como "algo estranho e objetivo" – de uma forma não muito diferente daquela em que o rabo do gato aparece para ele como um objeto estranho. Outras relações sociais não econômicas coagulam em poder, isto é, em uma "realidade" dura, constrangedora e que exerce pressão – apenas como derivados de estruturas já petrificadas por dependências econômicas (a ideia expressa na metáfora do caráter "superestrutural" dos poderes políticos, sociais e culturais). E vice-versa – um tipo ou setor de relações humanas pode ser emancipado das "leis de ferro da realidade social" e reapropriado por indivíduos humanos como agentes controladores conscientes, apenas na medida em que são independentes da economia e localizados além do alcance da cadeia de valores do dinheiro-troca. Daí a descoberta, pelos críticos da sociologia durksoniana, dos encontros face a face, os estreitos enclaves das relações interpessoais, como o fulcro no qual basear a liberdade humana de negociação de significado. Daí a tendência de encerrar seu universo cognitivo dentro das paredes da antessala de um psiquiatra, do quarto de um casal ou de um seminário universitário. Se a liberdade de negociar significados e de atualizar a própria autodefinição pode de fato ser encontrada nesses lugares isolados, é apenas porque, e na medida em que,

A crítica da não liberdade

esses lugares e as atividades que aí ocorrem foram eliminados ou rejeitados e, portanto, seguramente isolados da esfera "pública" governada por necessidades anônimas que representam a rede de dependências econômicas.

A esfera "pública" entra na experiência do senso comum do indivíduo como uma realidade superior, semelhante à natureza, na medida em que foi removida de uma relação imediata com o indivíduo. Um novo domínio se estendeu entre o esforço criativo individual (a produção de objetos utilitários pela transformação dos objetos naturais) e as atividades de apoio à vida humana (que ainda podem ser vistas como diretamente relacionadas à vontade humana, como o domínio, ao menos em parte, da liberdade individual). Esse domínio, de fato, conecta as duas metades díspares do ciclo existencial, embora, do ponto de vista da experiência individual, essas metades pareçam estar em curto-circuito pelo dinheiro e pelo valor de troca. Com relação à sabedoria do senso comum individual, o dinheiro e os valores de troca representam esse domínio misterioso e impenetrável no qual os produtos do indivíduo desaparecem e de onde emergem os artigos de consumo do indivíduo. Mas o dinheiro e o valor de troca obscurecem mais do que determinam (muito menos iluminam) o caráter social virtual deste domínio: eles apresentam as relações sociais como econômicas. A tarefa da sociologia crítica é reivindicar a substância social do mundo social.

Nesse aspecto, a sociologia crítica difere tanto da sociologia durksoniana, quanto de seus críticos existencialistas. A sociologia durksoniana, por assim dizer, toma as aparências do senso comum pelo que parecem ser; uma vez que parecem inevitáveis e irremovíveis, ela os declara como tal e passa a nos fornecer sua descrição precisa e abrangente. Seus críticos existencialistas se recusam a reconhecer a realidade das aparências; por esse motivo, vão primeiro investigar o processo mental que as coloca como "realidade" e, posteriormente, abstêm-se de investigar outras realidades que essas aparências talvez ocultem. Em vez disso, eles se refugiam na exploração da liberdade do indivíduo na periferia do mundo social – exatamente onde essa liberdade foi expulsa pelas realidades que as aparências rejeitadas distorcem e escondem. Eles tentam retratar essa periferia como um mundo autossustentável (tanto cognitiva quanto moralmente) e, ademais, como o próprio centro do mundo da vida do qual emanam todos os outros componentes desse mundo. Assim, tentam evitar as metades separadas da existência humana, da mesma forma como é feito pelo dinheiro e pelas mercadorias, usando apenas a linguagem para o trabalho feito no mundo social pelo dinheiro (ao que Marx retrucaria: "Comparar o dinheiro com a linguagem é [...] errôneo. A linguagem não transforma as ideias, de modo que a peculiaridade das ideias é dissolvida e seu caráter social caminha ao lado delas, como uma entidade separada...)."[53] A sociologia crítica vê ambas as estratégias bem fundamentadas no senso comum historicamente desenvolvido da sociedade de mercado: em um senso comum que aceitou tacitamente suas limitações históricas e, portanto, que as percebe como intransponíveis. Ambas as estratégias buscam iluminar o senso comum sem questionar a sua autodeterminação. Ao fazer isso, ambos replicam as limitações do senso comum a que servem.

O conflito entre a sociologia crítica e as duas estratégias alternativas não é simplesmente a questão de uma preferência arbitrária, sobre a qual, assim como o gosto, não vale a pena discutir. A sociologia crítica mostra que as estratégias alternativas falham e, em suas tentativas de informar a existência humana de uma forma que torne possível a emancipação, estão fadadas ao fracasso, uma vez que aceitam como irremovíveis precisamente aqueles aspectos da realidade historicamente contingente que tornam tal emancipação inacessível. A ideia de que alguém pode juntar os aspectos *pour les autres* e *pour soi* da própria existência apenas por um esforço intelectual e moral só pode provocar falsas esperanças de emancipação

---

[53] Marx, *Grundrisse*, p.162-3.

A crítica da não liberdade

ilusória. A ideia tornará a ruptura – e a consequente não liberdade – ainda mais imune aos esforços de emancipação.

Tal ideia é uma ilusão, uma vez que na sociedade de mercado o processo de vida do indivíduo não pode ser contido no campo estreito de *Umwelt:* aquele setor dos "outros" com o qual o indivíduo tem a chance de entrar em comunicação linguística – de se encontrar face a face, estimular a ação e responder, barganhar definições de situação e atribuição de *status*, negociar significados etc. Em uma sociedade tecnologicamente primitiva, pré-moderna, com a circulação da totalidade de bens limitada a um pequeno círculo de pessoas pertencentes a um parentesco ou grupo local cognitivamente acessível, o itinerário de todos os itens listados no inventário do processo vital permanecia, do começo ao fim, à vista do indivíduo. A rede de dependências sobrepôs-se, portanto, à rede de relações pessoais; as dependências eram vistas como obrigações, e eram definidas por um cargo ou categoria patrimonial à qual o indivíduo pertencia. Foi lá que as dependências econômicas foram culturalmente fundadas, em um sentido direto e literal; elas eram compatíveis com as definições de *status* e os significados ligados a eles. Por mais não livre ou dependente que um indivíduo fosse em tais condições, as fontes de sua não liberdade nada continham de misterioso, elas eram facilmente atribuíveis a indivíduos específicos que manejavam os fios da dependência. Uma igreja poderosa e a impressionante vontade de Deus foram, portanto, necessárias para compensar as deficiências dos laços sociais, frágeis demais para garantir a sua própria perpetuação e preservar os grupos subordinados – os injustiçados – sob o seu domínio. A dependência e a não autonomia da vida individual eram visíveis de dentro da experiência do senso comum em sua verdadeira natureza – aquela da servidão pessoal – e requeriam, portanto, sanções culturais sobre-humanas, na forma de escatologia institucionalizada, para serem sustentadas. A reprodução do sistema econômico dependeu, de fato, da reprodução da rede crua, mas facilmente assimilável, de definições culturais.

A crítica da não liberdade

A desintegração do parentesco e dos laços locais, o afastamento das definições de *status* imutáveis e suas sanções sobre-humanas coincidiram com o surgimento dessa conjunção única de independência pessoal com servidão impessoal, típica da sociedade de mercado. É aqui que o herói de Steinbeck, expulso da terra de seus pais, sente-se angustiado ao perceber que não há "ninguém para ser atingido" por seu infortúnio. O flagelo não pode ser atribuído a nenhum indivíduo em particular; o intrincado tecido de causas vai muito além do horizonte cognitivo do indivíduo, e claramente não poderia ser tecido a partir de responsabilidades e de culpas pessoais. Como a rede de dependências perdeu a sua natureza humana, as sanções sobre-humanas não são mais necessárias para mantê-la intacta. O sistema de dependência pode existir por si só, como resultado de sua opacidade, impessoalidade, natureza recôndita e inescrutável. Ele aparece agora, e só agora, como uma misteriosa "realidade social", como uma objetividade natural que deve ser obedecida. A obediência, com certeza, agora não é um ato moral, mas uma questão de razão e racionalidade. O indivíduo é aconselhado a não exagerar, não embarcar em uma luta fútil, não desafiar a natureza social – não porque isso seria um ato imoral, uma rebelião contra o poder moral supremo, mas porque tal ato de desobediência será contra seus próprios interesses pessoais. Assim, em retrospecto, a sociedade de mercado aparece como equivalente à libertação pessoal. A servidão, antes sustentada pelo medo e uma mentira ideológica, é agora voluntária e "livremente" escolhida em prol de um interesse pessoal bem compreendido e avaliado racionalmente. Na era da razão e da escolha informada, o conhecimento dos pré-requisitos funcionais da "segunda natureza" é um substituto adequado e procurado para o terror da vingança de Deus. Ele assume que o indivíduo é um agente livre; ele apela para a sua razão e inteligência em vez de seu preconceito e medo.

Em uma sociedade de mercado, "a dependência recíproca e multilateral de indivíduos que são indiferentes uns aos outros forma

A crítica da não liberdade

sua conexão social". Eles são indiferentes uns aos outros, no sentido de que não se encontram como pessoas, não interagem conscientemente e podem muito bem ignorar a existência uns dos outros: mas dependem uns dos outros, pela simples razão de que a forma precisa do produto da atividade de um indivíduo, que retorna a ele transformado em algum artigo acabado para o seu consumo, dependerá das atividades de inúmeros outros indivíduos, dos quais o indivíduo em questão não tem consciência intelectual nem controle prático. A falta de vínculo pessoal ocorre, é claro, em ambas as direções. Daí a experiência da liberdade pessoal, que decorre do fato de que nenhuma outra pessoa (um indivíduo física, cognitiva e emocionalmente próximo o suficiente para ser percebido como pessoa) orienta o indivíduo em questão em sua escolha, muito menos impõe-lhe tais escolhas. Essas restrições que os indivíduos experimentam ao fazer escolhas e oloca-las à prova são muito inflexíveis e inconfundivelmente além da persuasão para serem explicadas como obras de pessoas específicas. "Os indivíduos são incluídos na produção social; a produção social existe fora deles como o seu destino; mas a produção social não está subordinada aos indivíduos, administrável por eles como a sua riqueza comum." De fato, as dependências econômicas ora precedem e enquadram todos os outros tipos de relações inter-humanas; elas aparecem, de início, como as condições inexoráveis de toda a ação humana e como os limites intransponíveis à liberdade de escolha. Mas, insiste Marx:

> é uma noção insípida conceber esse mero "vínculo objetivo" como um atributo espontâneo e natural inerente aos indivíduos e inseparável de sua natureza (em antítese ao seu conhecimento consciente e vontade). É um produto histórico. Pertence a uma fase específica do seu desenvolvimento.[54]

A ruptura da experiência humana elementar em um sujeito voluntário e em seu ambiente coercitivo (a divisão sobre a qual toda a

---

[54] Marx, *Grundrisse*, p.162.

sociologia é construída) é, portanto, resultado do desenvolvimento histórico e, de forma alguma, deve ser tomada como uma condição humana perpétua, atribuída à espécie. Isso, por si só, requer explicação, e a explicação está fadada a ser histórica.

Para ser justo, é preciso admitir que, em seus momentos mais inspirados, os sociólogos brincam com a ideia da mutabilidade histórica da condição humana. Mas, na maioria das vezes, a história em seu raciocínio se reduz a uma tipologia, ou melhor, a uma divisão dicotômica de tipos conhecidos de organização social e, consequentemente, de ação humana. A ideia aparece sob nomes diferentes, embora, dadas todas as suas diferenças de ênfase, esses pares descritos de forma variada revelem uma gama surpreendentemente ampla de semelhanças. Todos os conceitos de *Gemeinschaft* e *Gesellschaft*, a sociedade militar e a industrial, as eras teológicas e positivas, as sociedades de atribuição e realização, as solidariedades mecânicas e orgânicas, as sociedades não industriais e industriais – por mais rico que seja o seu conteúdo, representam de fato a mesma persistente concretização da antítese entre a liberdade pessoal apanhada na rede das dependências impessoais (típicas da sociedade de mercado) e a falta de escolha pessoal aliada ao caráter evidentemente pessoal das dependências (típicas de uma sociedade de mercado pouco desenvolvida). A única alternativa à realidade em questão que a atitude positiva pode tolerar é aquele estado de coisas que foi eliminado, como alternativa viável, pelo advento das condições atuais. Portanto, a história entra em consideração apenas na forma de uma escolha entre dois tipos. O descontentamento com o tipo atualmente em ascendência – se encontrar o seu caminho nas análises sociológicas – resulta automaticamente em idealizações do outro tipo. Os remédios para a ressentida parcialidade e a inautenticidade da existência individual são buscados na suposta personalidade "totalmente desenvolvida" de uma sociedade pré-moderna. A isso, Marx replicaria que "é tão ridículo desejar um retorno àquela plenitude original quanto acreditar que, com esse completo vazio, a história chegou a uma estagnação."

A crítica da não liberdade

Alternativamente, a mesma tendência se manifesta em tentativas persistentes de postular dependências recíprocas como pessoais e, portanto, administráveis, em condições que definitivamente não são passíveis de gerenciamento humano consciente. Paradoxalmente, essa "humanização" ideacional da servidão impessoal pertence à mesma categoria das tentativas opostas de atribuir um *status* super-humano ao que costumava ser uma servidão pessoal simples e transparente. Em seus efeitos práticos, ambas as tentativas barram ou desorientam os esforços reais ou potenciais de emancipação, solicitando uma ação inadequada ou uma ação voltada para alvos equivocados. Uma forma de perceber as dependências recíprocas como pessoais é descrevê-las como decorrentes de significados inadequados, impostos pelos outros e distorcendo a verdadeira e autêntica existência do indivíduo. Esta é a visão existencialista das raízes da servidão humana – segundo a qual a presença de outros compromete, restringe e confunde a busca do indivíduo pelo *pour-soi*, pela existência autêntica. As ramificações sociológicas da filosofia existencialista, da qual a etnometodologia ao estilo de Garfinkel é o principal exemplo, apresentam dependências e restrições como sedimentos de negociação de significado, como uma realização contínua do "trabalho", que consiste em "conversar". A aparência da realidade social, de constrangimentos externos sobre a liberdade humana, é colocada, portanto, como um fenômeno cultural, nas condições históricas precisamente distinguidas da libertação da estrutura social de sua dependência prévia de fatores culturais. Por estranho que pareça, em vista de sua animosidade extracientífica, não há grande diferença entre essas tentativas e a tendência do marxismo folclórico em personalizar as raízes da não liberdade humana, prendendo-a a capitalistas, partidos, governos etc. Aqui, o desvio consiste em apresentar a rede impessoal de dependências como um problema político, que pode ser controlado pelos meios normalmente definidos como políticos. Com a sua percepção habitual, Marx antecipou as duas desilusões como

A crítica da não liberdade

epistemologicamente enraizadas na estrutura turva e recôndita da dependência humana. As relações de dependência objetiva:

> Apresentam-se, em antítese àquelas da dependência pessoal... de tal forma que os indivíduos são agora regidos por abstrações, enquanto antes eles dependiam uns dos outros [...] As relações apenas podem ser expressas, certamente, em ideias, e assim os filósofos determinaram o domínio das ideias como uma peculiaridade da nova era, e identificaram a criação da individualidade livre com a destruição desse domínio.[55]

Nenhum tipo de relação social – tanto a fundada na dependência pessoal quanto a fundada na dependência impessoal – pode operar sem incitar a imaginação humana a afastar-se das genuínas avenidas da emancipação. O sistema baseado na dependência pessoal teve que se apoiar na ilusão de uma ancoragem supra-humana e extrapessoal da definição pessoal de *status*. O contrário é verdadeiro para o sistema de dependência impessoal: este é sustentado e perpetuado pela ilusão da liberdade pessoal, pela possibilidade de dominar por um esforço individual as relações externas que o constrangem. É precisamente com a multidão caindo sob o feitiço da ilusão e se comportando de acordo com ela que a teia de dependências impessoais é continuamente recriada e mantida viva. As condições da emancipação individual coincidem com as condições que perpetuam a não liberdade dos indivíduos *en masse*. Um único indivíduo, enquanto indivíduo, pode de fato "chegar ao topo" das relações sociais e submetê-las à sua vontade; o mesmo pode acontecer com um número de indivíduos agindo como um agregado em um tipo mecânico de solidariedade. Mas, ao fazerem isso, os indivíduos apenas reforçam as condições universais de dependência e de não liberdade. Esta situação objetiva coloca os indivíduos uns contra os outros; trata-se de uma situação em que a competição, a busca do interesse individual em detrimento do interesse dos outros, é a única conduta racional e

---

[55] Marx, *Grundrisse*, p.164.

eficaz. Mais do que isso, o tratamento de outros seres humanos pelo indivíduo como um "ambiente objetivo" que deve ser dominado é, em si, uma expressão do fato de que o controle sobre o próprio destino do indivíduo foi negado a ele. Como Habermas apropriadamente coloca, "aqueles interesses, que sujeitam a consciência à dominação das coisas e dos nexos reificados, estão ancorados em termos materiais de modo historicamente determinado na base social do trabalho alienado, das satisfações recusadas e da liberdade oprimida."[56]

E, portanto, um sistema de interação social que apresenta os fins e os motivos dessa interação como fixos e imutáveis (dentro da estrutura dos mandamentos de Deus ou dos requisitos da Razão) deve contar, para a sua perpetuação, com a autoridade da experiência cotidiana. É porque o lado prático da experiência humana é dado como certo e inquestionável, e não visto sob uma perspectiva histórica e relativizadora, que os problemas fundamentais da liberdade individual, a autenticidade da vida, a realização etc., apenas podem ser colocados como questões epistemológicas, solucionáveis pelo homem, percebido como uma entidade epistemológica; eles podem ser vistos, de fato, como parte de um drama realizado do começo ao fim no palco do intelecto e do significado. Tal teoria não ignora o vínculo íntimo entre o intelecto do homem e a vida prática, entre teoria e a prática social. Ao contrário, a evidência da prática social, intelectualmente processada e acumulada, é vista como o próprio fundamento da infalibilidade das soluções que essa perspectiva oferece à busca humana pela "vida plena". A diferença essencial entre essa perspectiva e a sociologia crítica consiste no fato de que a primeira considera a evidência da prática historicamente limitada como conclusiva e, de fato, definitiva, enquanto a segunda se recusa a fazer o mesmo. Como Horkheimer enfaticamente declarou em 1933, "a antropologia não pode oferecer uma objeção válida para a superação

---

[56] Habermas, *Theory and Practice*, p.261 [Ed. bras.: *Teoria e práxis*, op. cit., trad. Rúrion Melo, p.479].

das más relações sociais".[57] A única antropologia (que almeje ser o conhecimento das qualidades humanas universais) aceitável para a sociologia crítica seria, nas palavras de Leo Kofler, uma ciência de "premissas imutáveis da mutabilidade humana". Pode-se tomar, como princípio fundador da sociologia crítica, uma rejeição *a priori* da possibilidade de investidura invariante – seja transcendental ou natural – que caracteriza a espécie humana de uma vez por todas. O único atributo invariante da espécie humana que a sociologia crítica estará preparada para aceitar é o mecanismo pelo qual a espécie, sempre renovada e sempre em uma nova forma, torna-se a espécie humana. Em *A ideologia alemã*, Marx definiu a produção de novas necessidades como o primeiro ato histórico. A produção de novas necessidades, que remodelam e reclassificam o ambiente humano, empurrando para uma nova posição a fronteira estabelecida entre o subjetivo e o objetivo, sempre foi e sempre será a substância da história humana. A linha divisória entre o que o homem pode e o que não pode ser, pode ser claramente traçada apenas em referência à prática passada; mas a sua extrapolação para o futuro exigirá uma suposição adicional, que a sociologia crítica considera insustentável – que o passado contém evidências que vinculam conclusivamente o futuro.

Essa suposição é construída, no entanto, na rotina cotidiana. É graças a essa suposição que a experiência do senso comum pode fornecer orientação segura para o comportamento humano. Os organismos humanos são dotados pela natureza de memória e capacidade de aprender, e tais organismos podem prosperar apenas em um ambiente caracterizado por regularidade e padrões recorrentes de eventos. A incerteza decorrente de uma interrupção repentina da monotonia é uma fonte de terror:

> É isso que é tão assustador em um fenômeno como a "inflação descontrolada". Em uma economia monetária, experimentamos a instabilidade da moeda

---

[57] Horkheimer, Materialismus und Moral, p.85.

A crítica da não liberdade

no mundo social da mesma forma que faríamos com um terremoto no mundo físico. Quando os fundamentos tremem, tudo pode acontecer.[58]

E, assim, a atividade histórica humana, além de gerar novas necessidades e, consequentemente, sempre novas formas de relações humanas, mostra uma tendência à fixidez e à ordem. É verdade que esta atividade revela potencialidades do homem antes insuspeitas; mas a mesma atividade leva à eliminação e supressão de outras potencialidades. A essência de qualquer ordem está no aumento da probabilidade de algumas ocorrências e – da mesma forma – tornando outras ocorrências totalmente improváveis. A sociologia crítica, tendo tomado a potencialidade humana ilimitada como a sua hipótese organizadora, deve considerar, como a sua principal preocupação empírica, a maneira pela qual essas potencialidades vêm a ser limitadas nos sistemas sociais reais.

O senso comum e a rotina diária ajudam-se e fortalecem-se um ao outro na manutenção e perpetuação tanto da ordem fixa da interação humana, quanto da crença universal de que tal fixidez é inelutável. A rotina diária está estruturada de tal forma que os homens raramente, ou nunca, são confrontados com a escolha fundamental entre as formas reais e potenciais de interação, sendo o seu processo de vida dividido em uma multidão de decisões parciais e aparentemente inconsequentes. De fato, cada elo sucessivo na cadeia de suas ações é, até certo ponto, limitado por ações anteriores – e a limitação cresce progressivamente no curso da biografia individual, tornando a questão da escolha cada vez menos realista. O senso comum, por outro lado, sendo um reflexo da experiência histórica e biograficamente truncada, confirma a validade universal dessa lição individual e acrescenta dignidade à necessidade, ao traçar uma linha nítida entre o "racional" e o "razoável", por um lado, e o "irracional" e o "irrealista" por outro. Para a rotina diária, o senso comum é a principal força motriz. Para o senso comum, a rotina diária é a fonte

---

[58] Stanley, The Structures of Doubt, p.419.

última de certeza cognitiva. É contra a rotina diária que a verdade do senso comum, bem como das crenças sociológicas, é avaliada. Sendo o senso comum e a rotina diária inextricavelmente entrelaçados, não importa muito se uma sociologia toma como seu objeto a rotina diária (como faz a sociologia durksoniana), ou o senso comum (como faz a crítica existencialista do durksonianismo); em ambos os casos, a sociologia recorta a verdade que procura na medida da realidade historicamente limitada. Da mesma forma, conscientemente ou involuntariamente, a sociologia concorda com essa realidade em sua apresentação unilateral do potencial humano.

Pode a sociologia crítica ser uma ciência?

Como vimos, a sociologia crítica tenta libertar-se tanto do senso comum quanto da rotina cotidiana como suas fontes de, respectivamente, informação e medida última da verdade. Essa intenção, indispensável caso ao potencial humano não realizado for oferecido o *status* de objeto científico de estudo, impõe a questão, entretanto, da natureza científica do projeto. Em que sentido a sociologia crítica pode reivindicar um estatuto científico? Se a sociologia crítica concorda que o único conhecimento válido é o conhecimento verdadeiro, quais são os seus critérios de verdade, uma vez que esse papel foi negado à experiência passada e à rotina cotidiana presente?

O conceito de "processo da verdade" é a resposta da sociologia crítica a essa objeção crucial. A ideia essencial da verdade como um processo histórico está contida na seguinte afirmação de Marx:

> A questão de se o pensamento humano pode alcançar a verdade objetiva não é uma questão de teoria, mas uma questão prática. Na prática, o homem deve provar a verdade, isto é, a realidade e o poder, este lado de seu pensamento. A disputa sobre a realidade ou a não realidade do pensamento – o pensamento isolado da prática – é uma questão puramente escolástica.[59]

---

[59] Citado por McLellan, *The Thought of Karl Marx*, p.33.

A crítica da não liberdade

Em si, porém, essa afirmação não implica uma ruptura decisiva com a ideia positivista de verdade. Tanto a sociologia durksoniana quanto seus críticos existencialistas concordariam de bom grado em que a suposição de que os homens são de fato capazes de apreender a verdade objetiva talvez nunca seja verificada conclusivamente, mas ela constitui uma hipótese de trabalho conveniente à qual se é constantemente convidado a procurar refutar, submetendo-a a um teste prático infindável. O que é, afinal, a investigação científica no sentido positivista mais ortodoxo, senão uma série de testes práticos dessa hipótese? E, no entanto, existe uma lacuna ampla e talvez intransponível entre a ideia de verdade contida na declaração citada e o tipo de verdade positiva que a sociologia busca para suas declarações. Essa lacuna, no entanto, não é criada pela simples ligação da verdade com o processo de teste prático, e sim gerada por uma compreensão nitidamente diferente da prática.

A prática à qual a sociologia positiva remeteria suas afirmações para teste e, possivelmente, para refutação, é a prática dos cientistas – ou a prática de um indivíduo comum mas, para o propósito em questão, dotado apenas de atributos científicos que o tornam "como" um cientista. Tal prática se distingue por uma divisão nítida e imutável de *status* entre a pessoa realizando o teste e o objeto sobre o qual o teste está sendo executado. É uma característica *sine qua non* desta divisão que apenas o agente do teste esteja ciente do que está sendo testado. Esta situação é normal no caso das ciências naturais. Nas ciências sociais, no entanto, ela deve, na maioria dos casos, ser criada artificialmente – seja coletando dados do comportamento dos objetos sem o seu conhecimento (como na maioria dos estudos estatísticos), ou transmitindo aos objetos informações deliberadamente incorretas sobre a hipótese do que será testado (como na maioria dos experimentos em psicologia social). Assim, faz-se um esforço para que o conteúdo da hipótese não influencie o processo e o resultado do teste – ou seja, a condução dos objetos de estudo. Ainda que, no caso das ciências sociais, os objetos de estudo sejam seres humanos conscientes, dotados de potencial para conhecer, compreender e apreender significados, eles são deliberadamente colocados, em nome da pureza de procedimento, na posição de objetos que, como os objetos da ciência natural, não possuem tais faculdades. Só então os critérios de teste, conforme formulados pelas ciências naturais, podem ser aplicados a declarações relativas ao comportamento dos seres humanos: uma expectativa é especificada, um conjunto apropriado de variáveis independentes é selecionado ou interpretado e a conduta resultante é comparada com as expectativas iniciais. Significativamente, todo o procedimento de teste consiste em atos e eventos que permanecem inteiramente sob o controle do cientista: durante todo o procedimento, ele é o único agente "conhecedor"; a única pessoa ciente do significado específico dos eventos, atribuído pela hipótese sob teste. O conceito de teste, o significado da verificação ou da falsificação – são todos forjados de forma a preservar o procedimento como domínio exclusivo de estudiosos profissionais ou pessoas que declaradamente reproduzem a sua conduta. Pode-se quase definir a verdade como declarações apoiadas por cientistas profissionais. Pragmaticamente, as atividades dos cientistas profissionais são definidas como a busca e a descoberta da verdade; institucionalmente, acredita-se que os cientistas como um grupo garantam que as pessoas que obtêm a sua aprovação se envolvam em tais atividades. O conceito de teste de verdade, que a ciência sustenta, fornece o fundamento para o *status* da ciência positiva como conhecimento genuíno e privilegiado.

Se as regras de teste são aplicadas ao estudo dos assuntos humanos, os estudiosos são obrigados a evitar um diálogo significativo com os objetos de seu estudo. Espera-se que uma boa pesquisa seja completamente limpa de "questões enviesadas" – e certamente de qualquer tentativa de persuasão ou mudança de opinião dos objetos (a propensão a se render à persuasão é, em si, o objeto de estudo) etc.

A crítica da não liberdade

O cientista social gostaria de se manter na sombra tanto quanto humanamente possível (sendo o notório espelho unidirecional dos psicólogos sociais uma admirável personificação dessa tendência) e certificar-se de que sua presença física – muito mais a sua presença como um agente "que estabelece significado" – de forma alguma "distorça" o curso "natural" dos eventos sob observação. O que ele pode encontrar, portanto, e provar com o grau de certeza permitido pelo procedimento, é como seriam seus objetos em condições rotineiras, supondo que as suas definições de senso comum manteriam a sua força. Artificialmente, e com grande cuidado e engenhosidade, os objetos humanos da investigação sociológica são mantidos ou colocados em condições nas quais não podem, ou não querem, exercer as suas faculdades de compreensão e tomada de decisão, sob pena de a "validade" da investigação ser colocada em perigo. A manutenção dos homens dentro dos limites de sua existência cotidiana não livre é, portanto, incorporada à própria definição de pesquisa científica legítima e de teste da verdade.

Como vimos, o conjunto rotina – senso-comum tem uma tendência intrínseca à autoperpetuação e assume a aparência de sua própria atemporalidade. O conjunto rotina – senso-comum da sociedade de mercado é estruturado pela separação fundamental, dentro do processo de vida dos homens, da habilidade subjetiva para trabalhar, criar e autenticar a própria existência, e as condições objetivas de tal trabalho, criatividade e autenticidade. Uma vez dividido dessa maneira, o processo da vida em si mesmo, "em si mesmo e por si mesmo", coloca as "condições objetivas reais do trabalho vivo" (material, instrumentos etc.) "como existências alienadas e independentes".

> As condições objetivas do trabalho vivo aparecem como valores separados e independentes opostos à capacidade de trabalho vivo como ser subjetivo [...] uma vez dada essa separação, esse processo de produção apenas o produz de novo, o reproduz, e o reproduz em escala ampliada

A crítica da não liberdade

O material sobre o qual opera o trabalho vivo, subjetivo,

é material "alienado"; o instrumento é igualmente um instrumento "alienado"; seu trabalho aparece como mero acessório de sua substância e, portanto, objetiva-se em coisas que não "pertencem a ele".

Nessa descrição concisa da estrutura essencial do processo da vida em uma sociedade de mercado que separa os objetos do trabalho vital da fonte viva e subjetiva do próprio trabalho, encontramos tanto o cenário para a atividade rotineira quanto as raízes epistemológicas do modo em que é vivenciado pelo senso comum. A rotina e o senso comum associados formam um círculo vicioso que, se não for rompido em algum ponto, tende a se reproduzir "em escala ampliada". Uma ruptura capaz de romper o processo interminável de autorreprodução deve ser um ato para transcender a mera reflexão do senso comum, um ato de avanço, embora no início, apenas idealmente:

O reconhecimento dos produtos como seus próprios e o julgamento de que a sua separação das condições de sua realização é imprópria – imposta à força – é um enorme avanço na consciência, ela própria um produto do modo de produção baseado no capital, e como tal, o toque de sua destruição, com a consciência do escravo de que "ele não pode ser propriedade de outro", com a consciência de si mesmo como pessoa, a existência da escravidão torna-se uma existência meramente artificial, vegetativa, e deixa de poder prevalecer como o base da produção.[60]

O toque de morte soa para o supostamente invulnerável conjunto rotina – senso-comum quando a divisão habitual é repentinamente vista à luz de outra possibilidade. Então, e só então, o natural começa a ser percebido como artificial, o habitual como forçado, o normal como insuportável. Uma vez distorcida a harmonia entre a condição rotineira e o conhecimento do senso comum, toda a rede de

---

[60] Marx, *Grundrisse*, p.461-3.

A crítica da não liberdade

relações sociais é posta em movimento e as leis de ferro do comportamento "normal" são suspensas. Os atributos supostamente invariantes dos homens e de sua vida social revelam a sua historicidade.

Os interesses da emancipação e os interesses do domínio técnico servidos pela ciência positiva parecem, portanto, ser opostos. A ciência, como vimos, carece de meios para quebrar o pacto rotineiro do senso comum e, além disso, recusa-se a adquiri-los, apontando para as suas regras impecáveis de teste de verdade como uma objeção insuperável. Tais regras exigem que a ciência investigue apenas aqueles objetos que permanecem totalmente sob o controle cognitivo dos cientistas; a ciência continua a fornecer conhecimento confiável, isto é, informações conclusivas que ela pode atestar, apenas na medida em que aqueles homens cuja conduta ela descreve permanecem objetos, isto é, coisas da vida, devido ao domínio ininterrupto do hábito – a imposta rotina das condições de vida sobre as quais eles não têm controle. A emancipação começa, porém, quando essas condições deixam de ser vistas "como realmente são", quando são postuladas de uma forma que, por serem ainda-não-reais, escapam à metodologia científica e ao teste da verdade. Surge, portanto, a questão de que talvez a aparente lacuna entre a ciência positiva e o conhecimento emancipatório seja de fato intransponível como parece à primeira vista, e como insistem os extremistas e os puristas de ambos os lados. A questão é crucial tanto para a ciência social quanto para as perspectivas de emancipação humana. Se a lacuna é realmente intransponível, as ciências sociais podem muito bem estar condenadas ao papel de um dos agentes que registram, ou mesmo fortalecem, a divisão já consumada dos homens em sujeitos e objetos de ação, enquanto os interesses de emancipação podem estar condenados a divagar por caminhos desconhecidos de um terreno lamacento de fantasia descontrolada. A resposta depende, ao que parece, da possibilidade de um reajuste do conceito científico sobre o teste da verdade.

Não é de admirar que, nos últimos anos, várias tentativas tenham sido feitas para abrir caminhos que possam levar o veículo da

A crítica da não liberdade

ciência para além do círculo enfeitiçado da rotina e do senso comum. O motivo comum de todas essas tentativas tem sido a busca por conhecimento confiável, testável e conclusivo de fenômenos diferentes daqueles explorados de maneira confiável pela ciência social positiva: a saber, o conhecimento não rotinizado, ainda irregular, fenômenos fora-do-comum, observáveis ou apenas concebíveis, que, em certo sentido, podem ser considerados como um vislumbre do futuro ou de uma realidade alternativa. Vamos agora discutir brevemente várias dessas tentativas.

Consternado com o espetacular fracasso da sociologia acadêmica francesa, que não conseguiu prever a eclosão da rebelião estudantil e do conflito de classes naquele país supostamente pacificado e unido pelo consenso, Edgar Morin levou ao conhecimento em 1968 a ideia de uma "sociologia do presente"[61] como uma alternativa à sociologia tradicionalmente centrada na regularidade atemporal (isto é, a regularidade descrita sem referência a variáveis que representam o tempo qualitativamente mutável). Não por acaso, a unidade central da sociologia alternativa era representar (em oposição à "ação" ou ao "papel", as unidades básicas da análise sociológica tradicional) a intenção de apreender o irregular e o único. E esta unidade central, na visão de Morin, era o evento – *l'événement, qui signifie l'irruption à la fois du vécu, de l'accident, de l'irréversibilité, du singulier concret dans le tissu de la vie sociale*, e que, pela mesma razão, *est le monstre de la sociologie*. Ridicularizado e evitado pela sociologia acadêmica, o evento, no entanto, exibe uma série de atributos que o tornam idealmente adequado para o papel de um ponto de observação a partir do qual o domínio do possível pode ser examinado.

> O evento, do ponto de vista sociológico, é qualquer coisa que não pode ser espremida em regularidades estatísticas. Assim, um crime ou um suicídio não são eventos, na medida em que podem ser inscritos em alguma regularidade

---

[61] Morin, Pour une sociologie de la crise.

A crítica da não liberdade

estatística, ao passo que uma "onda" de criminalidade ou uma epidemia de suicídio podem ser considerados eventos, ao lado da morte do presidente Kennedy ou do suicídio de Marilyn Monroe.

O evento é "notícia"; ele contém informação, na medida em que informação é a parte da mensagem que transmite novidade. O evento é, portanto, por definição, um fator desestruturante. Por sua própria presença – ou melhor, pelo fato de ser percebido como acontecimento – ele perturba os sistemas de racionalização que impõem inteligibilidade à relação do espírito com seu mundo cotidiano. O evento questiona essa inteligibilidade e, ao fazê-lo, inspira ceticismo crítico em relação a ilusões racionalizadoras. Em vez disso, põe em pauta a necessidade de uma teoria que selecione como fundamento situações extremas, paroxismos da história, fenômenos "patológicos", em vez de uniformidades estatísticas.

A crise é precisamente um desses eventos. Graças à concentração incomum de características fora do comum, à instabilidade inerente que desafia a descrição ordenada e determinista e a sua extrema flexibilidade evolutiva, a crise atua como uma revelação repentina de "realidades latentes e subterrâneas" que permanecem invisíveis em tempos definidos como "normais". Seguindo a estratégia marxiana-freudiana, pode-se considerar a crise como a ocasião única de ver através do véu da rotina, diretamente para a realidade "genuína", ou pelo menos, a realidade genuinamente importante – aquela que está submersa, inconsciente ou infraestrutural. Tal visão da crise irá, é claro, diferir de forma chocante do tratamento oferecido pela sociologia acadêmica com a sua rejeição apreensiva da crise como um evento que é tanto marginal quanto epifenomenal: um caso de falha técnica momentânea do tecido social, que não pode vestir o vocabulário empregado para expressar o objeto principal da ciência social.

Finalement, la crise unit en elle, de façon trouble et troublante, repulsive et atrative, le caractère accidentel (contingent, événementiel), le caractère de la necessité (par la mise en oeuvre des realités les plus profondes, les moins conscientes, les plus determinantes) et le caractère conflictuel.[62]

O argumento decisivo em favor da crise como o verdadeiro objeto da análise sociológica é, portanto, que a crise é uma fonte de informação mais rica do que a vida cotidiana, na qual os sociólogos concentraram a sua atenção. Admitindo-se que a ciência positiva se baseia na descrição verdadeira e precisa da "realidade lá adiante", aqui está uma abertura que permite a realização dessa tarefa melhor do que outras ocasiões, pois, através dela, podem ser discernidas partes da realidade até então hermeticamente fechadas. O que Morin de fato sugere é uma extensão da estratégia e do método sociológico àquelas vastas extensões até então em repouso, mas que prometem trazer uma colheita extraordinariamente rica. Morin está fazendo um apelo em nome de um novo objeto de exploração, até agora negligenciado ou indevidamente subestimado.

Morin espera que este novo objeto de pesquisa, graças às suas características únicas, tenha um efeito de retorno sobre o *status* do sociólogo no curso de sua pesquisa. Nesse importante aspecto, Morin vai além da modesta reforma já proposta por Coser e outros simmelianos americanos, que, tendo sugerido que o conflito, em vez do consenso, deveria ser o objeto apropriado da investigação sociológica, passaram a analisar esse novo objeto em termos tradicionais e funcionalistas. Morin pensa que a crise, concebida como um processo espontâneo de autodesenvolvimento, em vez de outro "pré-requisito funcional" de um sistema rígido, forçará o estudioso a uma autocrítica permanente. Esta será uma melhoria considerável no desempenho da sociologia acadêmica em sua totalidade, na qual

---

[62] Finalmente, a crise une em si mesma, de maneira turbulenta e perturbadora, repulsiva e atraente, o caráter acidental (contingente, eventivo), o caráter da necessidade (por meio da implementação das realidades mais profundas, menos conscientes e mais determinantes) e o caráter conflitante.

la prétension ridicule du "marxiste-léniniste" althussérien à monopoliser la science et à rejeter comme idéologie ce qui est hors de la doctrine n'a d'égale que celle du grand manager en sondages, qui rejette comme idéologie tout ce qui introduit le doute et la critique dans la sociologie officielle.[63]

A autocrítica, a revisão permanente dos pontos de vista dos estudiosos, a percepção de que nenhum conjunto de técnicas de pesquisa pode ser confiável para o trabalho de separar a pepita da verdade da escória das aparências, garantirá a relação dialética adequada entre o observador e o fenômeno observado. Morin fica tão impressionado com as perspectivas deslumbrantes da análise de crise que não hesita em descrever o papel desempenhado pelo sociólogo como ator nos eventos sob exame. Ele exemplifica a sua previsão invocando a experiência de Nanterre dos pretensos sociólogos despreparados varrendo para fora o prato supercozido de truísmos acadêmicos obsoletos.

É, no entanto, um conceito muito limitado o de ator que sustenta as esperanças exageradas de Morin. Tendo sido transformado em ator, com alguma facilidade, pelo simples fato de ser cético, o sociólogo continua sendo um ser puramente epistemológico, à semelhança de seus predecessores mais tradicionais. O seu único ganho é a sua própria autocrítica (uma melhoria, com certeza, que não deve ser descartada levianamente); ele ainda permanece encerrado no universo dos significados puros; o sentimento inebriante de mudar o mundo revela-se, sob um exame mais minucioso, proveniente apenas da mudança do mundo de suas ideias. A sua práxis é talhada na medida da teoria acadêmica; o seu diálogo é entre iguais, um debate entre estudiosos da realidade e não com a própria realidade. A receita de Morin é para a emancipação do sociólogo das viseiras

---

[63] A pretensão ridícula do "marxista-leninista" althusseriano de monopolizar a ciência e rejeitar como ideologia aquilo que está fora da doutrina não tem igual, assim como a do grande gerente em pesquisas de opinião, que rejeita como ideologia tudo o que introduz a dúvida e a crítica na sociologia oficial.

do senso comum: algo a ser fortemente desejado – mas como um passo preliminar, e não como uma alternativa emancipadora acabada à sociologia. Não há, porém, mais nenhuma etapa no itinerário de Morin. Ele nos deixa na esperança pela alegre libertação da imaginação dos sociólogos. No entanto, não sabemos como a preciosa liberdade dos estudiosos será vinculada – se é que o fará – à perspectiva da emancipação do homem. Em suma, a proposta de Morin é realizar um pouco melhor, com mais percepção e perspicácia, o que é essencialmente o papel tradicional da sociologia positiva, confrontando o mundo humano como um objeto "lá adiante", que pode ser descrito, mas com o qual não há comunicação.

Como veremos agora, mais uma tentativa de romper os grilhões da retratação da realidade pelo senso comum – feita por Henry S. Kariel em 1969[64] – não chega a ser um desafio aberto à estratégia da sociologia positiva. Carecendo da experiência rejuvenescedora da primavera de Paris, e talvez tanto dissuadido quanto estimulado pelos aspectos mais selvagens da agitação social na década de 1960, Kariel é ainda mais cuidadoso do que Morin em circunscrever o seu programa como apenas para "uso profissional". Como Morin, ele situa o remédio no campo da seleção do objeto e da escolha da estrutura analítica. As diferenças de natureza linguística ocultam a identidade estrutural dos programas. Se Morin denomina seu ideal de ciência social como uma sociologia do presente, Kariel, por outro lado, destaca a preocupação com o presente como a ruína da sociologia acadêmica. "A constituição do presente, eles consideram, é válida, ou pelo menos dada. Para eles, 'o presente' não é tanto um conceito quanto um estado benéfico do ser." O pecado original da ciência social positiva consiste precisamente em sua incapacidade, ou indisposição, de erguer-se acima do horizonte do presente. Mesmo os praticantes do futurismo, que reivindicam o manto dos utópicos – feitos apenas da fibra moderna mais sólida e confiável,

---

[64] Kariel, Expanding the Political Present.

começam com o presente, aquilo que "é". Eles percebem o que várias formas de análise de sistemas têm mostrado existir: o homem como utilidade egoísta e maximizador de poder; as políticas públicas como insumos de grupos de interesse; o setor econômico como gerador primário de bens comunitários; as estruturas governamentais como organizações hierárquicas; a política como o sacrifício de valores pessoais; os recursos psicológicos e econômicos como escassos e o desenvolvimento como tudo o que conduz à realização dessa visão empiricamente confirmada.

O problema, no entanto, é que o próprio presente é um produto complexo de batalhas passadas e, portanto, partir do presente como uma linha de base confiável – objetiva e tão razoável quanto nos fizeram acreditar – significa, de fato, "concordar com as políticas daqueles na sociedade que têm o poder de criar a realidade, que são livres o suficiente para estruturar a consciência de espaço e tempo do homem." Tal "aquiescência" decorre da apresentação do irreal como o impossível; e apresentá-la como tal é uma consequência necessária da decisão de servir a interesses técnico-instrumentais e, consequentemente, de fazer avançar a ciência positiva, o que não pode ser feito de outra forma.

E quanto à alternativa? Assim como Morin, Kariel a concebe como uma operação intelectual. Se ele tivesse oportunidade, provavelmente citaria com aprovação a declaração de Lyman e Scott sobre os princípios de sua "sociologia do absurdo":

> Pode-se estudar o mundo social do ponto de vista do superior ou do subordinado; do amante ou da amante; da burguesia ou do proletariado; da gerência ou do trabalho; do desviante ou da pessoa que o rotula de desviante; e assim por diante. O importante é que se tenha uma perspectiva, mas a perspectiva particular empregada é irrelevante para a retidão da teorização. Pode-se fazer declarações verdadeiras de qualquer perspectiva, incluindo aquelas que não estão em consonância com qualquer ideologia disponível.[65]

---

[65] Lyman e Scott, *A Sociology of the Absurd*, p.16.

A crítica da não liberdade

O problema da verdade é fácil porque há muitas verdades, nenhuma melhor que a outra, e cada uma permanece verdadeira apenas dentro da estrutura de uma ideologia. A desigualdade das ideologias em sua prática de fixar a realidade social em seu acesso à mudança para sedimentar estruturas objetivas, deve ser compensada da maneira mais fácil – proclamando a sua igualdade intelectual. E então o sociólogo é capaz de conformar-se diligentemente com critérios positivos de teste da verdade ("retidão da teorização") enquanto desconsidera as restrições impostas à seleção da verdade pelo conjunto rotina-senso comum, em cuja formação várias ideologias (existentes e concebíveis) desempenham um papel altamente desigual.

Da mesma forma, Kariel nos convida a considerar a política, ou mesmo a vida social, como um jogo, no qual há jogadores, cada um com seu ponto de vista característico; nenhum pode ser legitimamente selecionado apenas em bases intelectuais, como privilegiados, de maneira mais "verdadeira" do que o restante.

> Para perceber esse aspecto expressivo da experiência, precisamos apenas seguir as pistas de Hannah Arendt e conceituar a ação política como um tipo de jogo, caracteristicamente como um ato performático [...] Se desejarmos compreender como a ação significa a presença das estruturas do ser não comumente compreendidas, não podemos considerá-la como conclusivamente significante em qualquer outro sentido, por exemplo, de "realmente" significar alguma intenção predefinida, ou de ser "realmente" funcional para alguma estrutura predefinida. Devemos vê-la como um jogo: completo em si mesmo.

Kariel parece descartar a problemática questão de testar a veracidade de declarações que desafiam os "fatos concretos" do senso comum, simplesmente negando a presença de tais fatos, apenas pelo poder das palavras. Não há "estruturas predefinidas" que canalizem o curso do jogo independentemente das necessidades percebidas ou não realizadas pelos jogadores; não há "intenções predefinidas" que sejam vinculadas à força às posições a partir das quais os jogadores individuais iniciam seu jogo. O jogo é "completo em si mesmo",

A crítica da não liberdade

então vamos parar de nos preocupar em como separá-lo das amarras da rotina inerte: para começar, ele não está preso a elas. Foi apenas a ciência social iludida e equivocada que nos encorajou a acreditar nisso. O que precisamos para dotar nossos produtos de poder emancipatório é simplesmente direcionar nossa *attention à la vie* em direção a novas regiões e examinar com simpatia as perspectivas cognitivas de todos os interlocutores. "Valorizando as necessidades da criança mais que as da escola existente, ou [...] as necessidades do trabalhador acima das necessidades da organização, eles (sociólogos seguindo este conselho – Z.B.) introduzem opções. Postulando valores contraditórios, eles ampliam a compreensão." Mais uma vez, como em Morin, o resto é silêncio: não sabemos como essa "compreensão ampliada" obtida por sociólogos ou cientistas políticos pode resultar em uma extensão da liberdade dos homens. Com efeito, apenas o sociólogo tem probabilidade de obter a sua própria emancipação intelectual, visitando diversos pontos de observação, uma vez que os próprios jogadores já se entrincheiraram, talvez bem demais, em seus próprios pontos de observação; Kariel, como Morin, parece estar preocupado, talvez involuntariamente, com a libertação da imaginação dos sociólogos, e não dos homens que eles imaginam. Todas as verdades são relativas, parciais e unilaterais; todo mundo conhece a sua verdade parcial de qualquer maneira; deixemos que os sociólogos, portanto, desfrutem da compreensão de todas as verdades, em vez de cair na armadilha conservadora de perseguir inutilmente a única, real e genuína verdade. O que diferencia os sociólogos e aqui define seu papel profissional único não é o teste da verdade, mas a distância irônica das verdades: apenas os sociólogos sabem que os outros são cegos demais para perceber que as verdades são muitas e todas são falhas. Aqui reside a diferença crucial entre Kariel e Morin. O primeiro nega a existência dessa "profundidade" da realidade que o segundo gostaria que penetrássemos. De forma explícita, Kariel se propõe a analisar a vida social como um jogo. Na verdade, o seu programa resume-se a um convite a um jogo intelectual, extensivo apenas aos sociólogos.

Manfred Stanley,[66] de modo similar, considera a questão da forma como a ciência social pode transcender o senso comum, mas ele a coloca de maneira diferente, recusando-se a mudar da posição de que a verdade – una e indivisível – pode, em princípio, ser estabelecida; de que estabelecê-la é uma ocupação digna, e que esta ocupação é o domínio da ciência. Ele está, no entanto, ciente de que a realidade "óbvia" do senso comum, e mais claramente dada de forma empírica, não é o único quadro dentro do qual a verdade pode ser medida. Se houver outros enquadramentos, eles devem, no entanto, ser empiricamente acessíveis, mesmo que de uma forma muito mais tediosa e intrincada. Stanley deseja mostrar que é possível, embora procedendo de acordo com as regras da ciência positiva empiricamente fundada, tornar ainda legítima e válida a discussão acadêmica de realidades potenciais.

A esperança que Morin atribuiu ao fenômeno da crise, Stanley vincula, mais especificamente, ao processo de "deslegitimação". Stanley concorda com o paradigma dominante do durksonianismo, segundo o qual a "normalidade" da ordem social é fundada na legitimação exitosa, ou seja, a ampla aceitação de normas, valores e significados que sustentam o tipo de comportamento que, em última instância, coloca e recoloca em prática a teia de relacionamentos percebidos como a ordem em questão. Portanto, a "deslegitimação" representa qualquer ruptura da ordem – todos os casos em que grupos significativos de população ou segmentos de comportamento publicamente relevante são desviados do padrão rotineiro de conduta. Com base no paradigma tacitamente aceito, o comportamento incomum deve ser vinculado, para fins de explicação, a algum conjunto de processos mentais. Stanley chama esses processos de "pri-

---

[66] Stanley, The Structures of Doubt.

A crítica da não liberdade

vação vivenciada". Ao contrário da visão habitual da maioria dos sociólogos, a deslegitimação não é um evento episódico, um afastamento do "estado natural", causado por ininteligibilidade moral, ignorância ou desvio psicologicamente motivado. Ela é, ao contrário, um fenômeno constante e, à sua maneira, regular, que oferece ao sociólogo disposto uma oportunidade permanente de vislumbrar a realidade despojada de interpretações unilaterais do senso comum. Ela é constante porque a experiência de privação resulta da escassez que, por sua vez, é uma característica permanente da ordem social. Nós sabemos, ao menos desde os tempos de Durkheim, que qualquer sociedade que vai tão longe em inspirar respeito e desejo por seus valores, mais cedo ou mais tarde terá dificuldade em cumprir a sua própria promessa: normalmente, há mais pessoas atraídas pelos valores apoiados pela sociedade do que os valores a serem oferecidos, distribuídos e apropriados. Podemos quase dizer que o desejo e a escassez de valores estão inextricavelmente ligados um ao outro. Assim, a escassez é um fenômeno "normal" – e dada a normalidade da escassez, pode-se esperar que a experiência de privação seja bastante comum. Finalmente, as pessoas que vivenciam a sua situação como privação, mais cedo ou mais tarde serão induzidas a agir de forma a minimizar essa experiência desagradável e, como resultado, ocorrerá uma mudança na ordem social.

Até agora, ainda estamos dentro do universo habitual de discurso da sociologia acadêmica dominante. Portanto, Stanley está especialmente interessado em tentar desenvolver uma estratégia de testar o conhecimento sobre realidades alternativas, não rotineiras, por meios que são considerados legítimos pelo conhecimento social durksoniano e podem ser acomodados ao paradigma dominante. Essencialmente, a estratégia de Stanley consiste no que se poderia chamar de "experimentação mental", que, entretanto, em nenhum ponto se afasta de características empiricamente acessíveis da realidade presente ou passada. É explorando cuidadosamente a realidade

A crítica da não liberdade

presente e examinando a lógica das ocorrências passadas que se podem estabelecer respostas sólidas para as seguintes perguntas:

> Primeiramente, de que forma específica uma dada sociedade (vista como uma estrutura de significados) pode ser pensada como um campo de "carências potenciais"? Em segundo lugar, sob quais condições tais potencialidades são seletivamente concretizadas em "padrões de privação vivenciada" entre setores particulares da população? Em terceiro lugar, em que condições essas privações vivenciais estão ligadas à ação social de correção?

Stanley, como vemos, assume a regularidade do comportamento "irregular"; partindo dessa suposição, pode-se predizer seguramente a ruptura da ordem atual da mesma forma que alguém, encorajado ou absolvido pelo paradigma durksoniano (e, em boa medida, por seus críticos), prediz sua continuidade e perpetuação. Portanto, em princípio, podem-se investigar empiricamente e prever em bases empíricas as condições sob as quais tal ruptura da ordem atual pode ocorrer, o que acabará por levar à emancipação do homem – ao estabelecimento da liberdade humana.

A emancipação, como se poderia esperar, também é definida em termos de significados. A liberdade:

> significa que cada pessoa é um intérprete dos significados que compõem o mundo social, ou seja, um agente hermenêutico. De fato, o controle social é essencialmente o processo sociocultural particular através do qual o fato da agência moral de cada pessoa fica ocultado com sucesso de categorias particulares da população enquanto, de maneira diferente, é delegado a outros setores.

Em outras palavras, a falta de liberdade resulta de uma parte da sociedade sendo privada dela, ou renunciando, ou não apreendendo o seu significado, o seu propósito e a sua faculdade de estabelecer normas, e de depender, com respeito a esses aspectos vitais, da discrição de outros. Da mesma forma, o poder na sociedade consiste em monopólio ou privilégio no campo da interpretação dos significados

A crítica da não liberdade

e dura enquanto este último durar. Stanley percebe no fenômeno do poder assim definido a fonte permanente de experiências sempre recorrentes de privação. O poder, por assim dizer, gera resistência a si mesmo que, por sua vez, leva à sua progressiva limitação. Esse progresso está inteiramente localizado na esfera dos significados; a libertação é uma questão de iluminação e, portanto, quase por definição, coextensiva em relação à atividade da ciência social. A íntima relação entre a emancipação e as ciências sociais é assegurada pela natureza da primeira. Agora que nos convencemos de que a ciência social pode lidar com as realidades alternativas sem violar suas próprias regras de teste da verdade, podemos ver como uma revolução na sociedade pode ser abordada por meios sociológicos, sem revolucionar a própria sociologia.

Para Stanley, o sociólogo é, mais uma vez, um observador e um analista imparcial. É verdade que o seu interesse está nas realidades alternativas e não na realidade realizada. Mas, quaisquer que sejam seus objetivos cognitivos, o presente – o único campo acessível à investigação empírica – continua sendo o único objeto de sua pesquisa. Com efeito, Stanley propõe-se a aplicar os princípios que os sociólogos sempre guardaram zelosamente a problemas que não ousaram atacar: se os sociólogos, tradicionalmente, se limitam a separar o real e o realista entre as interpretações da realidade atual, Stanley pretende estender o campo de tal ordenamento para abarcar realidades possíveis ainda localizadas no futuro. Se Stanley estivesse certo, então o sociólogo poderia, de antemão, com base nas evidências disponíveis e testáveis, separar as "verdadeiras", as realistas extrapolações do presente, a partir de um conjunto de possibilidades, embora muito maior do que qualquer sociólogo comum estaria atualmente preparado para considerar. As extrapolações que Stanley explora incluem aquelas que – longe de assumir uma continuação suave das tendências atuais – pressagiam uma reversão drástica da rotina atual e as interpretações de significado de senso comum. Com os olhos devidamente apontados e focados, podem-se discernir, no universo dos fatos ordinariamente cobertos pela pesquisa, sinais de carência emergente (uma falta de comunidade, que encontra a sua expressão na nostalgia cada vez mais em voga – a "percepção do passado, em termos da fenomenologia das carências presentes" – sendo um exemplo característico); conhecendo, além disso, novamente a partir de evidências testáveis, a condição sob a qual tal carência provavelmente engendra a experiência de privação, e quando tal experiência pode levar a uma ação remediadora, pode-se separar, de uma forma legitimada pela ciência positiva, a verdade de uma previsão aparentemente em desacordo com as realidades de hoje. O que Stanley deixa de dizer é o principal obstáculo de todos os que buscam o verdadeiro conhecimento sobre o futuro: o efeito de retorno da predição. Sua presença inevitavelmente desencadeará alguma ação, que tornará o conteúdo da predição mais ou menos provável – mais ou menos "verdadeiro": a predição "alimentará" a realidade e, subsequentemente, a realidade será diferente do que era antes. Acompanhando a tendência geral da sociologia positiva, Stanley faz o possível para incluir a totalidade do processo de teste, completo com as suas descobertas conclusivas e irreversíveis, dentro da área diretamente controlada – e, de fato, estruturada – pelo próprio examinador; preservando, assim, os direitos exclusivos da profissão sociológica para validar o conhecimento dos homens sobre os seus assuntos, só que agora também incluindo o futuro dos homens.

Consideramos até aqui três propostas bastante típicas para a solução do dilema inquietante de transcender o senso comum, enquanto se retém a possibilidade de testar a verdade de interpretações alternativas. Nenhuma das três parece inteiramente satisfatória. Além de suas semelhanças essenciais, cada uma aponta em uma direção um pouco diferente, cada uma sendo preparada para sacrificar outra parcela dos hábitos institucionalizados da ciência social positiva. O sacrifício de Kariel parece ser o mais radical dos três; mas

A crítica da não liberdade

vai além dos limites aceitáveis, caindo em uma petição de princípios ao rejeitar o próprio conceito de teste da verdade e, de fato, da verdade como tal. Ao fazer isso, ele pode nos oferecer pouca ajuda em nossa busca. Por uma razão semelhante, podemos extrair pouca inspiração de outra solução radical, proposta há meio século por Ernst Bloch, no recentemente popular *Geist der Utopie*. Bloch assume desde o início a natureza a-histórica, verdadeiramente antropológica do *Prinzip Hoffnung* – o genuíno ponto de partida da busca perpétua da emancipação humana. O impulso para a emancipação, bem como o progresso que realmente foi feito na história, é atribuído a uma faculdade evasiva do impulso em direção ao *regnum humanum*, em direção à perfeição ainda não realizada – um *telos* genuíno construído na humanidade, mais duradouro do que a história humana, e mais poderosa do que quaisquer barreiras historicamente erguidas ao autoaperfeiçoamento humano. Se assim fosse, então as investigações concretas de condições históricas específicas podem fazer pouco para iluminar o potencial humano de gerar realidades alternativas. A viagem em direção ao Reino da Razão é em si irracional e não pode ser apresentada como um processo ordenado, determinista ou mesmo regular. Assim como o Barão de Munchhausen, que afogado em um pântano consegue erguer-se pelos cabelos, o homem pode elevar-se acima de sua condição histórica simplesmente por um súbito reconhecimento do que o autêntico ser poderia ser. A essência do homem está sempre à sua frente, perseguida, mas não alcançada, para ser encontrada apenas no fundo das esperanças do homem, mas não em algo já cristalizado em sua existência.

> A verdadeira natureza da essência não é algo já encontrado em uma forma acabada, como a água, o ar ou o fogo, ou mesmo uma ideia universal invisível, ou qualquer figura que possa ser usada para absolutizar ou hipostasiar esses *quanta* reais. O real ou a essência é aquilo que ainda não existe, que está em busca de si no seio das coisas, e que aguarda a sua gênese na latência tendencial do processo... Claro, o Ainda-Não deve ser pensado como se já existisse, digamos, no átomo ou nos "diferenciais" subatômicos da matéria, tudo o que

mais tarde emergiria, já presente e encapsulado em forma minúscula como disposição inerente.[67]

Portanto, não há nada na realidade realizada, sensorialmente acessível, que possa lançar luz sobre a vasta extensão do potencial humano não realizado. Ao escolher uma perspectiva para a crítica da realidade, podemos contar com a orientação de nada mais confiável e seguro do que a nossa capacidade de postular a perspectiva que escolhemos. São a consciência, na qual "se reflete a totalidade ainda distante", e a filosofia, que "se abre finalmente para e no horizonte do futuro", que constituem os verdadeiros "pontos de Arquimedes", dando à ação humana apoio suficiente para virar o rumo da história de cabeça para baixo.[68] O apelo de Bloch é verdadeiramente um apelo iluminista à coragem e à autoconfiança: conhecer é ousar, a busca do conhecimento e a busca da certeza seguem caminhos diferentes, pois, para avançar no caminho do conhecimento verdadeiramente emancipador, o homem fecha os olhos para as coisas postas pela realidade imediata como certezas. Em nenhum lugar a esperança do homem foi conclusivamente vitoriosa, mas também não foi definitivamente frustrada. Os homens continuarão a ter esperança a despeito do que aconteça, pois esperar a essência ainda-não-alcançada é a existência verdadeiramente humana.

A potencialidade, a alternativa, o futuro, a esperança – todas essas são, para Bloch, categorias descritivas da realidade humana, e não preceitos metodológicos para a sociologia. Seu interesse pela emancipação decorre da mesma preocupação que o interesse de Heidegger pela hermenêutica. É a elucidação da existência humana, e não a construção de uma ciência objetiva dessa existência, que, assim como Gadamer, Bloch busca. E um sociólogo em busca de regras metodológicas rígidas-e-rápidas para uma "ciência emancipatória"

---

[67] Bloch, *On Karl Marx*, p.41.
[68] Ibid., p.98-100.

A crítica da não liberdade

ficará tão frustrado ao ler Bloch quanto um historiador, em busca de regras definidas-e-claras para a "compreensão da história", ficará ao estudar Heidegger.

Todas as outras ideias consideradas até aqui pretendem oferecer um conselho prático aos sociólogos. Para tanto, todos concordam que a verificação do conhecimento emancipatório, se é concebível, é tarefa dos cientistas sociais; para ser admitido como atingível, o conhecimento deve ser construído de tal forma que possa ser realizado, em todas as suas etapas, pela – e dentro da – comunidade dos estudiosos das questões humanas (sociólogos ou filósofos). Para todos os autores que discutimos acima, bem como para os seus colegas mais ortodoxos, o significado genuíno da pergunta "como pode o conhecimento de realidades alternativas ser testado?" resume-se, embora muitas vezes de forma implícita, à questão "como pode o conhecimento de realidades alternativas ser testado conclusivamente por cientistas e pelos meios que apenas eles empregam?" É a essa suposição comum, embora tácita, que podemos atribuir o fracasso em alcançar uma solução satisfatória. Há um sacrifício que nenhum autor que visitamos até agora está preparado para aceitar: o sacrifício da perspectiva única e privilegiada dos cientistas sociais e a sua autossuficiência como juízes do verdadeiro e do não verdadeiro.

Este último mas decisivo passo foi dado por Jürgen Habermas – talvez, apenas por Habermas – em sua recente reinterpretação da visão marxiana da relação entre o conhecimento social e a realidade social. Ao articular a tradição gramsciana do marxismo no vernáculo da ciência social moderna, Habermas tem a possibilidade de passar a mensagem para aquele público que viu com equanimidade ofertas envoltas em vocabulário desconhecido. Em um discurso direto com a sociologia moderna e os seus problemas mais atuais, Habermas reafirma a defesa marxiana do processo da verdade – para que o curso da verificação da verdade seja estendido além do campo de laboratório ministrado por cientistas profissionais e, assim, seja transformado no processo de autenticação.

A verdade e a autenticação

De acordo com Habermas, há três interesses que geram a preocupação humana com o conhecimento e se cristalizam em enunciados teóricos sobre fatos e em estratégias cognitivas. Esses são os interesses técnicos, os práticos e os emancipatórios. Os dois primeiros, embora voltados para diferentes aspectos da prática, compartilham um *status* comum. Da "comunicação" – a articulação pré-reflexiva da prática rotineira, o reconhecimento do senso comum dos "fatos" – eles destacam o "discurso", livre das compulsões imediatas da ação, que está sujeito às suas próprias regras racionais e é capaz de fornecer uma justificativa fundamentada do que foi simplesmente reconhecido como factual. É graças à autonomia relativa do discurso que afirmações teóricas sobre o domínio fenomênico das coisas e eventos (no caso do interesse técnico), ou pessoas e enunciados (no caso do interesse prático) podem ser feitas e justificadas. A autonomia do discurso nunca é completa. Ela é sempre acionada pelas necessidades ou questionamentos que surgem dentro da prática da comunicação; e espera-se que os seus resultados, se forem de aplicação prática, retornem à corrente principal da ação racionalmente orientada e às orientações da comunicação cotidiana. Mas o processo de justificação de afirmações teóricas, da transformação do "meramente reconhecido" em "realmente conhecido", está totalmente encerrado no domínio do discurso, onde pode ser consciente e intencionalmente controlado e regulado totalmente por regras. Na medida em que a comunicação pode ser vista como uma condição antropológica do homem, genérica, também interesses técnicos e práticos surgem imediatamente de toda a comunicação, como tentativas inevitáveis de esclarecer a "constituição" dos fatos sobre os quais as afirmações teóricas são possíveis.[69] Sendo governado por seu próprio conjunto de regras, que – ao contrário do material a que

---

[69] Habermas, *Theory and Practice*, p.21 ss.

são aplicadas e os produtos de sua aplicação – não estão de forma alguma inseridas nessa comunicação que constitui a textura da vida social, nem são dependentes dela, o discurso pode reivindicar legitimamente um *status* transcendental, que é posteriormente sustentado e incorporado na autonomia de seus detentores (os cientistas) como os agentes conhecedores e os examinadores da teoria válida.

O *status* do interesse emancipatório e o tipo de conhecimento que pode resultar de seu esforço, entretanto, é diferente. Acima de tudo, o interesse emancipatório – ao contrário de Bloch – não é um traço extratemporal, genérico da condição do homem como um ser comunicante. "Esse interesse só pode se desenvolver na medida em que a força repressiva, sob a forma do exercício normativo do poder, se apresenta permanentemente em estruturas de comunicação distorcida – isto é, na medida em que a dominação é institucionalizada." A comunicação distorcida constitui uma situação de desigualdade entre os interlocutores de um diálogo; uma situação em que um dos interlocutores é incapaz, ou é incapacitado, a ponto de não ser capaz de assumir uma postura simétrica em relação ao seu homólogo, de perceber e assumir os outros papéis operantes no diálogo. Tal situação é efetuada, de forma permanente (se medida pelo tempo de vida dos homens envolvidos), pela dominação institucionalizada, que priva alguns interlocutores daqueles meios e bens sem os quais se torna impossível manter uma posição igualitária no diálogo. Só então pode emergir o interesse emancipatório: ele é, desde o início, um produto da história social e/ou individual.

O interesse emancipatório é, portanto, o interesse em elucidar esta história. Ele estimula o ator a trazer para o nível de consciência (onde elas podem ser dominadas criticamente), as ocorrências e ações invisíveis que moldaram a situação atual e a sustentam como uma comunicação distorcida. Ao fazê-lo, o ator é auxiliado pela "reconstrução racional" dos sistemas de regras, que o discurso científico torna explícito e que determina a maneira pela qual a experiência pode ser processada e justificada. Mas o diálogo que

A crítica da não liberdade

serve ao interesse emancipatório não é em si tal discurso. Tampouco busca ser a justificativa da validade do reconhecimento experimental de "fatos". Diferentemente do discurso que emerge do interesse técnico e prático, o diálogo movido pelo interesse emancipatório não pode ser, em qualquer fase, desvinculado de seu engajamento prático na comunicação, no processo da vida. Ele não se limita ao objetivo da justificação fundamentada; ele quer, ademais, testar a si mesmo na aceitação efetiva de sua solução hipotética na práxis dos interlocutores. Ele busca não apenas validar a si mesmo, mas "autenticar". Ele envolve, portanto, uma noção diferente e mais ampla de teste da verdade. As hipóteses que ele traz à luz são reivindicadas quando o interlocutor no diálogo aceita e assume o papel de que foi privado no curso da comunicação distorcida. Na visão de Habermas, a terapia psicanalítica fornece um padrão típico para o diálogo ativado pelo interesse emancipatório.

> Na aceitação, pelo paciente, das interpretações "elaboradas" que o médico lhe sugere, e na sua confirmação de que elas são aplicáveis, ele, ao mesmo tempo, não se deixa enganar pela autoilusão. A verdadeira interpretação, ao mesmo tempo, torna possível a intenção autêntica do sujeito com relação a esses enunciados, com os quais ele até então enganou a si mesmo (e possivelmente a outros). As reivindicações de autenticidade como uma regra só podem ser testadas no contexto da ação. Essa comunicação distintiva, na qual as próprias distorções da estrutura comunicativa podem ser superadas, é a única na qual as reivindicações de verdade podem ser testadas "discursivamente" junto e simultaneamente a uma reivindicação de autenticidade, ou rejeitadas como injustificadas.

Pela sua própria constituição, o conhecimento crítico que serve ao interesse emancipatório difere dos tipos remanescentes de conhecimento na maneira como é testado: ele não pode ser reclamado dentro da estrutura do discurso institucionalizado, um domínio dos especialistas. No processo de sua reclamação, os especialistas – os detentores institucionalizados do conhecimento testado, que torna plausível a "reconstrução racional" dos fatos – têm um papel ativo,

A crítica da não liberdade

talvez crucial; mas eles não controlam o processo de forma monopolizadora. Nem pode o seu veredito, discutido apenas em termos do discurso propriamente, ser considerado final e conclusivo, a menos que seja "autenticado", ou seja, confirmado no ato de retificação das distorções comunicativas. Essa constatação coloca Habermas à parte de todos os sociólogos considerados previamente que oferecem soluções para o problema do conhecimento crítico testado. Todos eles, cabe lembrarmos, tentaram encaixar o problema da examinação dentro da estrutura inadequada do "discurso" institucionalizado, operado-por-cientistas. Eles negligenciaram o aspecto distintivo do "diálogo", no qual as hipóteses emancipatórias necessitam ser reclamadas. Eles, igualmente, negligenciaram a diferença primordial entre a "justificação racional", que é o fim ideal do discurso, e a "autenticação", que é o requisito do diálogo.

O discurso – o modo de existência da ciência positiva que ilumina a constituição da realidade em resposta aos interesses práticos e técnicos – fornece apenas o primeiro e preliminar estágio do processo emancipatório que alcança domínios que a ciência positiva, de forma resoluta e justificável, recusa penetrar. É pela análise positiva da realidade, que busca a sua legitimação na aplicação diligente dos meios ordinários de apuração de fatos da ciência social positiva, que as hipóteses do conhecimento crítico, voltadas para a restituição da comunicação não distorcida, inicialmente avançam. Nesse estágio, a sua verdade ou não verdade é examinável de uma forma não distinta de outras afirmações que participam do discurso. Entretanto, uma vez que o que eles propõem é precisamente a natureza inadequada da condição atual para tornar as hipóteses viáveis (ou seja, a impossibilidade de revelar a sua verdade na situação atual de comunicação distorcida), então as condições de comunicação "normal" (isto é, fundada na igualdade de interlocutores) devem, primeiro, ser estabelecidas para dar a necessária autoridade aos resultados do teste. O conhecimento crítico afirma que a realidade presente tem o caráter de uma comunicação distorcida. Esta afirmação só pode ser reclamada se a comunicação vier a ser corrigida. No entanto, isso requer, por sua vez, a remoção da dominação institucionalizada responsável pelas distorções. Em outras palavras, requer uma ação organizada. A autenticação – tornar-se-verdadeiro-no-processo – só pode ocorrer no domínio da práxis, da qual o discurso institucionalizado e parcial dos cientistas profissionais constitui apenas o estágio inicial. Assim, a questão crucial da autenticação (em oposição à verificação) é: "Como se poderia organizar adequadamente a transposição da teoria para a práxis?"[70]

No caso do diálogo psicanalítico, essa tradução torna-se relativamente simples pela submissão voluntária do paciente. Embora o processo não seja, de forma alguma, isento de atritos e, de tempos em tempos, haja conflitos violentos, a disposição por parte de um dos interlocutores de se conformar com o papel de paciente ajuda o diálogo nas situações mais difíceis. Essa suposição não se aplica de forma alguma à vida social. Tanto os proponentes do conhecimento crítico quanto os seus possíveis destinatários podem concordar (embora não inevitavelmente) com a distribuição dos papéis de médico e de paciente. Os defensores da crítica podem se recusar a tentar entrar em um diálogo significativo com alguns de seus interlocutores potenciais e assumir a sua incapacidade de manter tal diálogo. Os possíveis recipientes do conhecimento crítico podem se recusar a considerar-se pacientes e, em vez disso, verão todas as tentativas de redefinir a realidade como ameaças dirigidas ao próprio fundamento de sua existência rotineira, que eles não experimentam como não liberdade. No caso de a hipótese crítica falhar, intencionalmente ou por omissão, em guiar a reflexão do interlocutor e, assim, "dissolver as barreiras para a comunicação", ela é forçada a permanecer no nível do discurso e a renunciar à chance de ser transformada em diálogo. Ela torna-se, então, indistinguível de outros enunciados teóricos e, como eles, só pode ser testada como outros enunciados:

---

[70] Habermas, *Theory and Practice*, p.25 ss. [Ed. bras.: *Teoria e práxis*, op. cit., p.60].

A crítica da não liberdade

como uma expectativa, cujo conteúdo é confrontado com o desenvolvimento real de processos nos quais o enunciado em questão não é um fator atuante. As hipóteses como a predição de Marx sobre as tendências futuras da acumulação capitalista tornam-se afirmações testáveis pelos meios comuns da ciência positiva, na medida em que permanecem no nível do discurso institucionalizado; elas postulam os grupos, cuja situação é moldada pelas tendências acima, como objetos fora do discurso; e se recusam, ou são impedidos de entrar em algum diálogo significativo com tais grupos com a intenção de influenciar os seus processos de autorreflexão. Não são os valores escolhidos, ou um ceticismo crítico peculiar, que colocam o conhecimento emancipatório como um corpo de afirmações qualitativamente distintas do conhecimento técnico ou prático. A genuína e única distinção situa-se no eixo verificação-autenticação; em outras palavras, na relação praticamente inserida pelo conhecimento em questão com o cotidiano e a sua reflexão do senso comum. Na medida em que essa rotina, plena de senso comum, permanece na posição de objeto natural "fora" do domínio do discurso (de modo que seus atributos não são afetados pelo fato de que, dentro desse discurso, algumas hipóteses foram formuladas), não há razão para classificar tais hipóteses separadamente, como pertencentes a um tipo especial de conhecimento, servindo outros interesses que não os interesses técnicos e/ou práticos. Este é um ponto muito importante, muitas vezes mal compreendido por estudiosos aprisionados no árido dilema "fato-valor". O conhecimento não se torna crítico ou emancipatório manifestando seu desgosto pela realidade ou anexando uma série de injúrias às afirmações do fato. Tampouco pode uma afirmação reivindicar potencial emancipatório se ela não observar diligentemente os fatos, conservando a sua impecabilidade como afirmação factual. Dentro da estrutura do discurso científico institucionalizado, não há diferença evidente de conteúdo, ou de sintaxe, entre as afirmações que acabarão por permanecer no ciclo dos interesses técnicos e práticos e a sua realização, e aquelas afirmações que podem potencialmente se dirigir a interesses emancipatórios. Tal diferença só é colocada em relevo além da estrutura do discurso institucionalizado propriamente dito – quando algumas afirmações, ao contrário de outras, começam a interagir com os atores que descrevem, transplantando a vida cotidiana e a sua reflexão do senso comum do "exterior" para o "interior" da comunicação, passando do discurso profissional ao diálogo aberto.

O potencial emancipatório do conhecimento é posto à prova – e, de fato, pode ser atualizado – apenas com o início do diálogo, quando os "objetos" das afirmações teóricas se tornam interlocutores ativos no incipiente processo de autenticação. Esse tipo de relacionamento foi exemplificado por Marx como a interação entre a ciência social – a teoria científica do capitalismo – e a classe trabalhadora. Marx supôs que nada havia na condição objetiva dos trabalhadores que pudesse proteger as barreiras de comunicação contra o impacto corrosivo da verdadeira teoria social. Ao contrário da burguesia, eles não considerariam uma realidade alternativa, limpa da forma atual de dominação, uma ameaça direta às condições que constituem a única identidade social aceitável e concebível. É por isso que a exposição das raízes históricas da dominação e os determinantes objetivos da comunicação distorcida tiveram a possibilidade de ser recebidos prontamente pelos trabalhadores, designados para o lado perdedor da distorção. Com base nisso, Marx esperava que os trabalhadores assumissem, prontamente e com entusiasmo, o papel de "pacientes", a fim de trazer à luz as causas de sua condição, redefini-las e depois refazê-las no decorrer da ação prática racionalmente concebida.

Em termos gerais, a confirmação genuína da crítica como "conhecimento emancipatório" permanece inatingível, a menos que tal diálogo comece a se desenvolver. A confirmação genuína "só pode ser obtida na comunicação do tipo de 'discurso' terapêutico, ou seja, precisamente em processos educativos bem-sucedidos voluntariamente acordados pelos próprios destinatários". Essa

A crítica da não liberdade

"negociação de significados", que os etnometodólogos presunçosamente consideram o "feijão com arroz" da rotina comum, é de fato um fenômeno raro e precioso em um plano social superior ao domínio de pequenos grupos, dos contatos íntimos, face a face. É preciso lutar para alcançá-lo. Quando ele é alcançado, o processo de autenticação – o corolário epistemológico da emancipação – é posto em movimento. Com isso, a crítica da realidade entra na sua fase de "esclarecimento".

Nesse estágio, a teoria crítica parte da escrivaninha do teórico e navega para as águas abertas da reflexão popular – buscando ativamente reformular a avaliação do senso comum da experiência histórica e ajudar a imaginação a romper a "conclusividade" das evidências passadas. Algumas vezes, o porto de destino está claramente descrito na teoria, enquanto algumas outras partes são explicitamente declaradas fora do limite. Em outros casos, no entanto, nenhum grupo é excluído *a priori* como um "paciente" potencial, sob a alegação de que seus distúrbios peculiares de comunicação estão além do remédio. Então (como no caso dos principais representantes da escola de Frankfurt, desencantados com a disposição terapêutica da classe trabalhadora) o que de fato ocorre é "a disseminação difusa de percepções adquiridas individualmente no estilo do Iluminismo do século XVIII". No geral, há uma tendência crescente entre os teóricos críticos de perceber que, nas palavras concisas de Habermas, "É significativo que não possa existir teoria que *per se*, sem a consideração das circunstâncias, obrigue à militância".[71] A resposta para saber se a distorção da comunicação ao longo de uma fronteira específica é ou não tão grave a ponto de eliminar a possibilidade de reparo não pode ser estabelecida apenas por uma visão teórica: ela é, de fato, uma dessas hipóteses cruciais que podem ser verificadas apenas no curso do esclarecimento. Em outras palavras, não há barreiras à comunicação que não possam ser, pelo

---

[71] Habermas, *Theory and Practice*, p.32 ss. [Ed. bras.: *Teoria e práxis*, op. cit., p.69].

menos em princípio, dissolvidas. O ônus da prova de que não é esse o caso recai sobre a prática da educação.

Nós já sabemos como a estratégia da pesquisa científica define o êxito, em termos da apuração de fatos e da formulação de teorias. Claramente, o esclarecimento deve ter seus próprios critérios de êxito, que servem simultaneamente ao propósito de confirmar a verdade das hipóteses críticas. Para descobrir tais critérios, pode-se novamente usar a analogia do diálogo psicanalítico. Na terapia, o "paciente" deve se reconhecer nas interpretações oferecidas pelo terapeuta. Se o fizer, então tais interpretações são reconhecidas pelo terapeuta como verdadeiras. A distinção importante entre este método de teste da verdade e o método aplicado no primeiro estágio analítico é que a própria hipótese é ativa e atuante na criação de condições nas quais ela pode se tornar verdadeira. Há uma pequena probabilidade de que o paciente potencial chegue à nova interpretação por conta própria, sem um terapeuta, ou, de maneira mais geral, sem um agente externo, atuando no papel do terapeuta, estando por perto para oferecer uma interpretação distinta daquela imposta à maneira do senso comum pela situação do paciente. E assim é a negociação prolongada da interpretação alternativa que pode eventualmente gerar uma nova situação na qual essa interpretação "torna-se" verdadeira por ter sido assimilada na consciência do paciente e, portanto, "autenticada".

De forma análoga, no caso de reinterpretar a experiência histórica de um grupo, em vez do conhecimento biográfico individual, a autenticação de uma interpretação alternativa requer a presença ativa prévia de uma hipótese relevante e de um processo devidamente organizado de sua negociação. A atividade de esclarecimento, ao contrário da atividade do teste da verdade da ciência, não visa descobrir que o interesse atribuído a um grupo é, de fato, o "interesse real" do grupo em questão, mas sim atingir uma situação em que esse grupo realmente adote o interesse atribuído como o seu interesse próprio e "real". O processo de esclarecimento consiste, portanto,

A crítica da não liberdade

em um diálogo, no qual os teóricos críticos tentam negociar os significados alternativos que eles oferecem, e aplicam a persuasão para convencer os seus interlocutores de sua adequação. Se terão êxito ou não, isso depende, no todo, do grau de correspondência entre as fórmulas interpretativas contidas na teoria crítica e o volume de experiência acumulada coletivamente e assimilada pelo grupo por meio do senso comum. Tal correspondência deve ter a oportunidade de ser cuidadosamente considerada e minuciosamente avaliada por todos os participantes: "Em um processo de esclarecimento pode haver apenas participantes" – e até mesmo o êxito mais espetacular da teoria em abranger a imaginação e a ação humanas não deve ser tomado como prova da verdade contida na teoria, a menos que o diálogo tenha sido conduzido em condições de liberdade intelectual ilimitada. A autenticidade só é alcançável, por definição, em uma situação de igualdade dos interlocutores no diálogo. O sinal de autenticação é precisamente o ex-paciente emergindo de sua posição subordinada pelo lado receptor do diálogo, e assumindo o papel de um agente criativo e totalmente desenvolvido de negociação de significado. Um diálogo conduzido em condições de desigualdade de interlocutores, ou em uma situação em que as interpretações conflitantes são suprimidas ou tornadas inacessíveis, nada prova, quaisquer que sejam seus resultados tangíveis; ele certamente não pode levar à emancipação. Em vez disso, ele só pode substituir um tipo de não liberdade por outro, ou uma fórmula filosófica de não liberdade por outra.

É claro que o teste de autenticação, peculiar ao processo de esclarecimento, carece da elegância e do ar de finalidade que caracteriza o teste da verdade da ciência positiva. É verdade que o método científico de teste da verdade permite muito mais ambiguidade do que os cientistas estariam conscientemente preparados para tolerar: se um experimento falha, sempre há a possibilidade de, pelo menos, duas interpretações opostas (uma das quais é a inaptidão na organização de experimento), e assim, a busca da refutação da teoria, que o experimento foi projetado para testar, pode ser reconhecida como inconclusiva e postergada. Há, entretanto, limites para tal postergação, e o método contém (pelo menos teoricamente) uma condição que, se rigorosamente aplicada, afastará as manifestações de interesses escusos decorrentes, digamos, do apego subjetivo da teoria sob exame. Tendo colocado o mundo que ela investiga na posição de um objeto "lá adiante", e tendo excluído de suas preocupações aquelas ocorrências nas quais a conduta do objeto pode ser influenciada pelo conhecimento das intenções ou das interpretações do cientista, a ciência positiva pelo menos previne seus praticantes de defender as teorias que eles falham em confirmar, colocando a culpa do fracasso na "obtusidade" ou na "cumplicidade" do objeto. Tais afirmações, cuja confirmação/refutação pode ser evitada pela ação deliberada dos objetos de pesquisa, simplesmente não são consideradas como afirmações de ciência positiva. O conhecimento crítico, entretanto, no momento em que opta pelo teste da autenticação, não aceita essa autolimitação e, portanto, abre-se para aquele volume de inconclusividade e incerteza dificilmente tolerável no nível do discurso científico.

O preço pago pela teoria que se submete ao teste da autenticação para derrubar a barreira que divide o "examinador" e os seus "objetos", para dissolver a diferença de *status* entre eles, provavelmente será considerado exorbitante por uma ciência preocupada mais com a certeza do que com o significado de seus resultados. No processo de esclarecimento, os destinatários da teoria devem ser dotados das mesmas faculdades que os próprios teóricos – acima de tudo, com as faculdades de raciocinar, planejar, comportar-se para perseguir fins subjetivos etc. Portanto, a gama de desculpas que podem ser invocadas para lançar dúvidas sobre a conclusividade da refutação de evidências é muito mais ampla aqui do que no ato discursivo de testar a verdade. Uma desculpa, no entanto, é semelhante à principal autodefesa da teoria científica: os educadores que não conseguem transmitir sua mensagem podem sempre (pelo menos

A crítica da não liberdade

por um tempo) atribuir a sua falta de êxito à imperfeição técnica do processo educacional, e podem tentar novamente, uma vez corrigidas as falhas organizacionais genuínas ou alegadas. Esta é uma desculpa isomórfica com o argumento da "impureza da experiência", frequentemente aplicado no discurso científico e, por sua vez, posto à prova antes que a teoria relevante seja finalmente refutada. Mas outra desculpa é peculiar ao teste de autenticação, na medida em que se refere à relação específica entre o teórico e os seus objetos, típica do diálogo de esclarecimento. *Grosso modo*, essa desculpa é fundamentada da seguinte forma: as pessoas cuja situação e perspectivas a nossa teoria pretende reinterpretar certamente abraçariam a teoria e aprovariam sinceramente os seus argumentos – se eles fossem apenas (i) mais perspicazes e abertos à razão, ou (ii) menos propensos a trocar as suas perspectivas por um prato de lentilhas, ou (iii) menos irremediavelmente estupidificados pelos opressores que mantêm o seu intelecto como refém. Todas as três variações do argumento reconhecem "as pessoas" como interlocutores potencialmente iguais para o diálogo; na verdade, elas só fazem sentido à luz desse reconhecimento. Dentro dos pressupostos da autenticação, eles fazem hipóteses razoáveis que dificilmente podem ser refutadas de forma resoluta. No entanto, a mera possibilidade de serem invocadas diminui consideravelmente a resolução com a qual as regras de refutação, específicas do diálogo de esclarecimento, podem ser impostas. Daí a inconclusividade intrínseca de toda a teoria crítica, que a torna imperfeita por padrões científicos muito mais severos. Daí, também, a possibilidade abstrata da perpetuação do erro e da postergação indefinida da admissão do fracasso – algo inédito no campo do discurso científico.

É muito fácil para Habermas enfatizar os processos de esclarecimento:

> os processos de esclarecimento apoiam também a pretensão de verdade das teorias, mas não pode resgatá-la sem que todos os potencialmente concernidos, aos

A crítica da não liberdade

quais se referem as interpretações teóricas, tivessem a oportunidade de aceitar ou recusar as interpretações oferecidas sob *circunstâncias adequadas*.[72]

Mas pode-se ver facilmente que não é apenas a verdade da teoria, mas também a sua não verdade que é mantida em suspensão pela estipulação acima. Sob essa luz em particular, a natureza não especificada de "circunstâncias adequadas", que, somente quando fornecidas, podem dar finalidade aos resultados do esclarecimento priva o teste de autenticação de quase toda exatidão e especificidade e, consequentemente, de uma autoridade comparável àquela de teste de verdade científica. Parece que esse grau de indeterminação não pode ser totalmente eliminado do conhecimento crítico, que pretende desempenhar um papel emancipatório e, consequentemente, embarca na aventura do esclarecimento, submetendo-se ao teste da autenticação. Em outras palavras, nenhum código de regras disponível pode libertar o agente do esclarecimento da responsabilidade subjetiva e privada por sua interpretação da história e pela obstinação com que tenta torná-la aceitável para todos. O projeto do esclarecimento implica, como seu constituinte inamovível, o fator da coragem e da aceitação de riscos. O esclarecimento não visa a descrição e a perfeição instrumental da "natureza humana", mas visa modificá-la. Os limites de tal mutabilidade podem ser testados apenas em um julgamento prático. O limite utópico da cultura, por muito tempo "irrealista", pode subitamente começar a moldar a práxis humana quando se depara com as necessidades práticas geradas pela própria realidade social. Mas não há como saber de antemão que tal encontro é certo. A emancipação é um esforço voltado para o futuro, e o futuro, ao contrário do passado, é, de fato, inseparavelmente o domínio da liberdade para o homem que age, na medida em que ele é o domínio da incerteza para o homem que conhece.

---

[72] Habermas, *Theory and Practice*, p.37-8 [Ed. bras.: *Teoria e práxis*, op. cit., p.77].

A crítica da não liberdade

A presença do projeto "utópico" é, no entanto, uma condição para que ele seja ao menos possível.

Por mais que sejam cuidadosamente selecionadas no seu primeiro julgamento científico do teste da verdade, as teorias emergem do segundo teste – o da autenticação –, ou seja, nem confirmadas, nem refutadas conclusivamente. Não há, portanto, um caminho único não ambíguo que leve do segundo estágio de esclarecimento ao terceiro – o da ação prática destinada a ajustar a realidade social ao conjunto de significados recém-aceito. É neste limiar decisivo que a coragem e a decisão de assumir riscos se tornam veículos indispensáveis; e, com certeza, onde os erros mais graves e mais custosos podem ser cometidos, às vezes com frequência, confundindo a própria intenção emancipatória da ação. Particularmente importante neste contexto é a escolha entre a continuação do diálogo (apoiado na esperança de que a melhoria na organização da educação pode aumentar a sua chance de êxito final), ou o seu término, na suposição de que a comunicação foi definitivamente quebrada e está além de todas as possibilidades de reparo. A decisão crucial, em outras palavras, diz respeito à classificação do homólogo ou como interlocutor no diálogo, ou como inimigo implacável. Ou seja, a escolha entre a pragmática da persuasão e a pragmática da disputa.

Mais uma vez, a analogia terapêutica pode ajudar a elucidar algumas dimensões do problema. Tendo falhado repetidamente em atrair o seu paciente para um diálogo significativo, o analista é tentado a colocar a culpa diretamente em seu homólogo. Em vez de revisar a fórmula que tentou negociar, ele definirá a capacidade do paciente para entrar no diálogo como irreparavelmente danificada e classificará o próprio paciente como doente incurável. Sob um exame mais cuidadoso, essa conclusão parece transmitir a falha do analista em obter comunicação, em vez de quaisquer atributos objetivos do próprio paciente. Esta conclusão só faz sentido como a síntese de uma série de tentativas repetitivas, mas abortadas, de iniciar um diálogo e forçar o interlocutor a aceitar a fórmula considerada verdadeira pelo

A crítica da não liberdade

analista. Desde que, entretanto, qualquer diálogo possa confirmar ou refutar a fórmula discutida apenas provisoriamente – nenhum diálogo, qualquer que seja seu curso, contém prova conclusiva de que a decisão do analista de encerrar a comunicação era "verdadeira"; de que, em outras palavras, de fato refletia corretamente certas qualidades "objetivas" do paciente.

Na prática, a decisão de um grupo ideologicamente comprometido de declarar outro grupo como organicamente fechado à comunicação e classificá-lo como um caso em que se justifica a limitação da liberdade pela força é ainda menos controlada pelos requisitos formais de verificação do que a decisão do analista de confinar o seu possível interlocutor em um hospital psiquiátrico. Os grupos engajados no processo de esclarecimento não desfrutam das condições de estufa do puro diálogo, nem podem invocar a autoridade especial que lhes é concedida por instituições estabelecidas ou pelo senso comum. Mesmo que pudessem controlar a racionalidade de sua própria conduta e julgamento, eles achariam praticamente impossível aceitar a evidência de seu fracasso como definitiva. Uma vez tomada, a sua decisão de culpar o interlocutor obstinado pela ruptura do diálogo, e de declará-lo um "doente curável", atuará como uma profecia autorrealizável, emprestando assim um ar espúrio de veracidade a um veredito básico. Com efeito, uma vez colocado fora do diálogo, em uma posição subordinada e não livre, o grupo condenado nunca poderá entrar em diálogo. Diante da gravidade do perigo, é preciso enfatizar o mais fortemente possível que, qualquer que seja o curso do diálogo, ele nunca fornecerá evidências conclusivas para uma hipótese de que um de seus interlocutores é inerentemente incapaz de abraçar a verdade e que, portanto, a disputa é a única atitude racional e viável. Sabemos muito bem com que frequência esse fato vital tende a ser esquecido na política e quão desastrosos podem ser os resultados de esquecê-lo.

Na ausência de regras que possam guiar as decisões tomadas neste limiar com algo que se aproxime da exatidão algorítmica,

A crítica da não liberdade

devemos nos contentar com diretrizes heurísticas mais lenientes e equívocas. Isso só pode ir na direção da responsabilidade compartilhada e da criação de condições sob as quais – seria de se esperar – a orientação da ação humana pela razão não seja enfraquecida. Essa direção geral foi selecionada com base na suposição de que, dada a liberdade real para exercer seu julgamento e refletir sobre todos os aspectos de sua situação, os homens acabarão fazendo a escolha certa entre interpretações alternativas; ou, para colocar de uma forma um pouco mais cautelosa – quanto mais livres as condições de julgamento, maior é a probabilidade de que as interpretações verdadeiras sejam adotadas, e as falsas, rejeitadas. Portanto, em cada estágio do longo processo de verificação do conhecimento crítico, o devido cuidado deve ser tomado na eliminação de restrições intelectuais e físicas ao julgamento. No nível do discurso teórico, toda a informação e o procedimento de testá-la devem estar abertos ao escrutínio geral e todas as críticas cuidadosamente consideradas antes da assunção de sua validade. No estágio do diálogo do esclarecimento, todo o esforço necessário deve ser feito para elevar todos os participantes ao *status* de interlocutores intelectuais plenos na comunicação, e para evitar a interferência de meios não intelectuais no choque entre as interpretações concorrentes. Finalmente, se uma decisão foi tomada para entrar em um terceiro estágio – o da disputa – na suposição de que a comunicação com algum grupo foi irreparavelmente quebrada, todas as decisões devem ser tomadas novamente, na dependência do consentimento de todos os participantes, precedidas de um profundo e irrestrito exame de meios alternativos de ação. Essas diretrizes heurísticas são, com efeito, exemplificações do princípio geral: a libertação do homem só pode ser promovida em condições de liberdade. O conceito de conhecimento crítico servindo ao interesse emancipatório do homem não pode deixar de concordar com o princípio seminal e com o *spiritus movens* intelectual do Iluminismo: o de que a emancipação da razão é uma condição de toda a emancipação material.

Aqueles que buscam o tipo de conhecimento de cuja veracidade só podem estar absolutamente certos no momento em que alguém o formula obterão pouco conforto com diretrizes heurísticas para a autenticação vagas como aquela que a autorreflexão do conhecimento crítico pode oferecer. Mas, então, a única coisa de que os homens podem estar certos, mais do que sobre qualquer outra coisa, é que eles nunca, até agora, alcançaram o tipo de liberdade que buscavam. E a liberdade significa a incerteza tanto quanto a certeza significa resignação. Mas, antes de ser um pensador, um criador de símbolos, um *homo faber* – o homem tem que ser aquele-que-tem-esperança.

Referências bibliográficas

BARKER, Ernest (Ed.). *Social Contract*. Essays by Locke, Hume and Rousseau. Oxford University Press, 1966.

BERELSON, Bernard. Introduction to the Behavioural Sciences. In: *Voice of America Forum Lectures* (Behavioural Sciences Series), 1961.

BERGER, Peter L. Identity as a Problem in the Sociology of Knowledge. In: REMMLING, Gunter W. (Ed.). *Towards the Sociology of Knowledge*. Londres: Routledge & Kegan Paul, 1973.

BERGER, Peter L.; LUCKMANN, Thomas. *The Social Construction of Reality*. Penguin, 1967. [Ed. bras.: *A construção social da realidade*. Trad. Floriano de Souza Fernandes. 24.ed. Petrópolis: Vozes, 2004.]

BLOCH, Ernst. *On Karl Marx*. Trad. John Maxwell. Nova York: Herder and Herder, 1971.

COMTE, Auguste. From the Positive Philosophy. In: TRUZZI, M. (Ed.). *Sociology. The Classic Statements*. Nova York: Random House, 1971.

COMTE, Auguste. *The Crisis of Industrial Civilization*. The Early Essays of Auguste Comte. Ed. Ronald Fletcher. Londres: Heinemann, 1974.

COMTE, Auguste. *The Essential Comte*. Ed. Stanislav Andreski. Trad. Margaret Clarke. Londres: Croom Helm, 1974.

DURKHEIM, Émile. *Socialism and Saint-Simon*. Trad. Charlotte Sattler. Londres: Routledge & Kegan Paul, 1959.

DURKHEIM, Émile. *Sociology and Philosophy*. Trad. D. F. Pocock. Londres: Cohen & West, 1965. [Ed. bras.: *Sociologia e filosofia*. Trad. Marcia Consolim. São Paulo: WMF Martins Fontes, 2021.]

Referências bibliográficas

DURKHEIM, Émile. *The Elementary Forms of the Religious Life*. Trad. J. W. Swain. Londres: Allen & Unwin, 1968. [Ed. bras.: *As formas elementares da vida religiosa*. Trad. Paulo Neves. São Paulo: Martins Fontes, 2003.]

FROMM, Erich. Psychoanalytic Characterology and Its Application to the Understanding of Culture. In: SARGENT, S. S.; SMITH, M. W. (Ed.). *Culture and Personality*. Nova York: Viking Fund, 1949.

GAY, Peter. *The Enlightenment*. An Interpretation, v.I: The Rise of Modern Paganism. Londres: Wildwood House, 1970.

GOFFMAN, Erving. On Face Work. In: _____. *Interation Ritual*. Penguin, 1967. [Ed. bras.: *Ritual de interação*. Trad. Fábio Rodrigues Ribeiro da Silva. Petrópolis: Vozes, 2011.]

GOFFMAN, Erwing. *The Presentation of Self in Everyday Life*. Nova York: Doubleday, 1959. [Ed. bras.: *A representação do eu na vida cotidiana*. Trad. Maria Célia Santos Raposo. Petrópolis: Vozes, 1985.]

HABERMAS, Jürgen. *Theory and Practice*. Trad. John Viertel. Londres: Heinemann, 1974. [Ed. bras.: *Teoria e práxis*. Trad. Rúrion Melo. São Paulo: Editora Unesp, 2013.]

HALLOWELL, Irving. Culture, Personality, and Society. In: TAX, Sol (Ed.). *Anthropology Today*. Selections. University of Chicago Press, 1962.

HEILBRONER, Robert. Through the Marxian Maze. *The New York Review of Books*, n.9, 1972.

HOLTON, Gerald. *The Thematic Origins of Scientific Thought*. Harvard University Press, 1973.

HORKHEIMER, Max. Materialismus und Moral. In: SCHMIDT, Alfred (Ed.). *Kritische Theorie*, v.I. Frankfurt-am-Main, s.d. [Ed. bras.: Materialismo e moral. In: HORKHEIMER, Max. *Teoria crítica I*. Uma documentação. Trad. Hilde Cohn. São Paulo: Perspectiva, 2011.]

KARIEL, Henry S. Expanding the Political Present. *American Political Science Review*, Setembro 1969.

KARIEL, Henry S. *Open Systems*. Itasca/Illinois: F. E. Peacock, 1971.

KIERKEGAARD, Søren. *The Concept of Dread*. Trad. Walter Lowrie. Princeton University Press, 1944.

KOŁAKOWSKI, Leszek. *Obecnosc Mitu*. Paris: Instytut Literacki, 1972.

LASZLO, Erwin. *Beyond Scepticism and Realism*. Haia: Martinus Nijhoff, 1966.

LEFF, Gordon. *Medieval Thought*. Penguin, 1970.

LUNDBERG, George. The Future of the Social Sciences. *The Scientific Monthly*, v.53, n.4, 1941.

LYMAN, Stanford M.; SCOTT, Marvin B. *A Sociology of the Absurd*. Nova York: Appleton-Century-Crofts, 1970.

Referências bibliográficas

MARCUSE, Herbert. Industrialization and Capitalism. In: STAMMER, Otto (Ed.). *Max Weber and Sociology Today*. Oxford: Basil Blackwell, 1971.

MARX, Karl. *Grundrisse*. Trad. Martin Nicolaus. Penguin (Pelican), 1973. [Ed. bras.: *Grundrisse*. Trad. Mario Duayer, Nélio Schneider et al. São Paulo: Boitempo, 2021.]

MAY, Rollo (Ed.). *Existential Psychology*. Nova York: Random House, 1969.

McLELLAN, David. *The Thought of Karl Marx*. Londres: MacMillan, 1971.

MORIN, Edgar. Pour une sociologie de la crise. *Communications*, n.12, Paris, 1968.

NATANSON, Maurice. *The Social Dynamics of George H. Mead*. Introdução de Horace M. Kallen. Haia: Martinus Nijhoff, 1973.

PARSONS, Talcott. General Theory in Sociology. In: MERTON, R. K. et al. (Ed.). *Sociology Today*. Nova York: Basic Books, 1959.

PARSONS, Talcott; SHILS, Edward (Ed.). *Toward a General Theory of Action*. Nova York: Harper & Row, 1962.

PASCAL, Blaise. *Pensées*. Trad. A. J. Krailsheimer. Penguin, 1966. [Ed. bras.: *Pensamentos*. Trad. Mario Laranjeira. 2.ed. São Paulo: Martins Fontes, 2005.]

PRZYWARA, G. E. (Ed.). *An Augustine Synthesis*. Nova York: Harper & Brothers, 1958.

SCHUTZ, Alfred. *Reflections on the Problem of Relevance*. Ed. Richard M. Zaner. New Haven: Yale University Press, 1970.

SCHUTZ, Alfred; LUCKMANN, Thomas. *The Structures of the Life World*. Trad. Richard M. Zaner e M. Tristram Engelhardt Jr. Londres: Heinemann, 1974.

SEELEY, John R. Thirty-Nine Articles: Toward a Theory of Social Theory. In: WOLFF, Kurt H.; MOORE JR., Barrington (Ed.). *The Critical Spirit*. Essays in Honour of Herbert Marcuse. Boston: Beacon Press, 1967.

SHILS, Edward. Primordial, Personal, Sacred and Civil Ties: Some Particular Observations on the Relationships of Sociological Research and Theory. *British Journal of Sociology*, v.8, n.2, p.130-45, Junho 1957.

SKINNER, Burhus Frederic. Is a Science of Human Behaviour Possible?. In: BRAYBROOKE, David (Ed.). *Philosophical Problems of the Social Sciences*. Macmillan, 1965.

SKINNER, Burhus Frederic. The Scheme of Behaviour Explanation. In: BRAYBROOKE, David (Ed.). *Philosophical Problems of the Social Sciences*. Macmillan, 1965.

STANLEY, Manfred. The Structures of Doubt. In: REMMLING, Gunter W. (Ed.). *Towards the Sociology of Knowledge*. Londres: Routledge & Kegan Paul, 1973.

STRAUSS, Anselm L. *Mirrors and Masks*. The Search for Identity. Nova York: Free Press, 1959.

TOULEMONT, René. *L'Essence de la société selon Husserl*. Paris: Presses Universitaires de France, 1962.

SOBRE O LIVRO

Formato: 13,7 x 21 cm
Mancha: 24,5 x 38,7 paicas
Tipologia: Iowan Old Style 10/14
Papel: Off-white 80g/m² (miolo)
Cartão Supremo 250g/m² (capa)
1ª edição Editora Unesp: 2023

EQUIPE DE REALIZAÇÃO

Capa
Negrito Editorial

Edição de texto
Thomaz Kawauche (Copidesque)
Marcelo Porto (Revisão)

Editoração eletrônica
Eduardo Seiji Seki (Diagramação)

Assistência editorial
Alberto Bononi
Gabriel Joppert

A.R.Fernandez